MALI BOGOWIE

Projekt okładki
FRYCZ I WICHA

Korekta
Beata Saracyn, Agnieszka Gzylewska

Skład
Tomasz Erbel

Wydawca
Czerwone i Czarne Sp. z o.o. S.K.A.
Rynek Starego Miasta 5/7 m. 5
00-272 Warszawa

Druk i oprawa
ReadMe w Łodzi

Wyłączny dystrybutor
Firma Księgarska Olesiejuk Sp. z o.o. sp. j.
ul. Poznańska 91
05-850 Ożarów Mazowiecki
www.olesiejuk.pl

ISBN 978-83-7700-282-7

Warszawa 2017

Książkę wydrukowano na papierze Creamy 80 g vol. 2.0
dostarczonym przez Zing Sp. z o.o.

www.zing.com.pl

MALI BOGOWIE

Paweł Reszka

Warszawa 2017

* * *

CHIRURG, LAT 42, WARSZAWA:

Zaczynałem pracę na oddziale chirurgicznym. Wtedy nie mieliśmy jeszcze tomografu. Dlatego wszyscy pijacy z urazami głowy musieli zostawać na obserwacji. Robiliśmy im zwyczajne prześwietlenie i nie wolno ich było wypuścić do domu.

Przywozili ich do nas obsranych, obszczanych, robiących pod siebie, bełkocących. No ale przecież jesteśmy lekarzami, składaliśmy przysięgę, musimy im pomóc. Obrażali nas, startowali z łapami. Na jednym z pierwszych dyżurów doszło do przykrej sytuacji. Oto młoda pielęgniarka, młody lekarz (czyli ja) i pijak. Pijak ciągle obłapia pielęgniarkę, jest nachalny, a ona nie daje sobie z nim rady. Nagle dziewczyna wybucha:

– Odpier… się nareszcie ode mnie! – krzyczy.

Widzę to wszystko i jestem bardzo oburzony takim zachowaniem. Mówię:

– Jak pani może się w ten sposób zwracać do pacjenta? Nie ma pani prawa!

Dziewczyna patrzy na mnie, wychodzi ze łzami w oczach. Mija kilkanaście lat. Na oddziale chirurgicznym jest dokładnie tak samo. Kupili nam tylko tomograf, ale ciągle przywożą nam pijaków. Wszystkich trzeba zbadać, niektórych zostawić na obserwację. Są tak samo brudni, agresywni, śmierdzą. Niedawno znów nam przywieźli takiego ochlapusa. Była awantura, chciał nas bić, robił pod siebie. Los chciał, że dyżur mieliśmy akurat w tym samym składzie, co przed laty. Tamta dziewczyna i ja, lekarz po czterdziestce.

Przypomniało mi się tamto zdarzenie z początku naszej pracy. Opowiedziałem to pielęgniarce:

– Słuchaj, pamiętasz, jak nakrzyczałaś na tamtego pijaka? Co mu powiedziałaś? I moją reakcję?

– Pamiętam, pewnie, że pamiętam.

– Wiesz co, Danusiu, to chciałem cię dzisiaj za tamto przeprosić. Ty miałaś rację.

Tak jej powiedziałem. Bo mam już dość tych zasyfiałych gnoi, którzy zapijają się na śmierć i których od kilkunastu lat ratuję. Traktują mnie jak gówno, nie szanują mojej pracy, muszę ich dotykać, bronić się przed nimi. Brzydzę się ich, mam ich dosyć.

Wstęp

To fragment rozmowy z chirurgiem z dobrego warszawskiego szpitala. Zapadł mi w pamięć. Rozmowa była wyjątkowa. On miał już dość wszystkiego. Chwilę wcześniej odszedł od stołu operacyjnego. Jeszcze pachniał szpitalem. Wycinał tkanki rakowe, ze skalpelem w ręku stał przez kilka godzin.

– Udało się?

– Tak – powiedział bez dumy, właściwie bez żadnych emocji.

Piliśmy kawę. Widziałem, że jemu zamykają się oczy.

– Jest pan zmęczony?

– Tak.

– Nie zajmę panu dużo czasu – powiedziałem, myśląc, że po tak wyczerpującym dniu powinien odpocząć.

Nie odpowiedział. Dopiero potem zrozumiałem, że do odpoczynku jeszcze daleko. Pracował – jak wielu jego kolegów – w kilku miejscach. Właściwie biegał z pracy do pracy. Jego życie przypominało jazdę w tunelu: szpital, operacje, przychodnia, konsultacje przez telefon.

– Ale potem jadę na wakacje, długie, nie oszczędzam na niczym. Chcę zapomnieć, oderwać się. A po wakacjach znów wracam do roboty... Tak żyję.

Potem rozmawiałem z wieloma lekarzami. Zapisałem dziesiątki wywiadów. Trwało to rok.

Lekarze różni wiekiem – młodzi, starzy. Pracujący w wielkich szpitalach i na wsiach. Jedni mieli jeszcze głowy pełne marzeń, ale większość już pogodziła się, że z systemem nie da się wygrać. Gwarantowałem im anonimowość i to, że nie wymienię nazwy ich szpitala. W zamian prosiłem o szczerość.

Po co z nimi rozmawiałem? Chciałem się dowiedzieć, dlaczego system ochrony zdrowia jest tak bezwzględny. Pacjentom każe obijać się o mur obojętności, leżeć na korytarzach, godzinami czekać na szpitalnym oddziale ratunkowym na podstawową pomoc.

Jak to się dzieje, że system zmienia ludzi – sympatycznych studentów medycyny, czekających na to, aż złożą przysięgę Hipokratesa – w bezduszne maszyny do zarabiania pieniędzy? Jak radzą sobie z błędami? Dlaczego godzą się pracować po trzysta godzin miesięcznie? Jak szybko pracę, która kiedyś była ich powołaniem, zaczynają traktować jak paskudny obowiązek? Kiedy po raz pierwszy, wychodząc na dyżur do przychodni, powiedzą rodzinie: „Wrócę później, wieczorem, znów robię w biedronce"? Biedronką nazywają miejsca, gdzie się dorabia.

W książce mówią lekarze. Mówią przeważnie o tym, co ich gryzie, co nie pozwala normalnie pracować. Ich sukcesy, poświęcenie w ratowaniu życia – pozostają często gdzieś na marginesie rozmowy. Co nie znaczy, że tych sukcesów i poświęcenia brakuje. Dla nich są normalnością. Nie lubią się chwalić, wolą opowiadać o problemach, zamiast kadzić sobie samym.

Chciałem też zobaczyć, jak system działa od wewnątrz. Dlatego sam zatrudniłem się w szpitalu. Podjąłem pracę jako sanitariusz – czyli na samym dnie medycznej hierarchii. Sanitariusz zarabia najniższą krajową. Można nie odpowiadać mu „dzień dobry", pacjenci czasem traktują go jak konia – gdy zaczyna pchać ich łóżko albo wózek, krzyczą: „Wio!".

Cieszyłem się z tej pracy, bo było to doskonałe miejsce obserwacji. Był to też dla mnie eksperyment – chciałem zrozumieć, kiedy system, bezduszny szpital zabije we mnie empatię. Wystarczyło ledwie kilka dyżurów, żebym zachował się w sposób, którego nie rozumiem i do dziś się wstydzę.

Pracując w szpitalu, starałem się wszystko notować. Opowieść będzie się przewijała przez całą książkę jako dziennik sanitariusza.

Nie miałem wiele czasu. Pani dyrektor szpitala zorientowała się, że jestem dziennikarzem, i szybko kazała mnie wywalić. Bała się prawdy o tym, co dzieje się za zamkniętymi drzwiami szpitala?

Oto, co zobaczyłem i usłyszałem.

Paweł Reszka

Rozdział I

Pacjenci

Zawsze chciałem leczyć dzieci. Dlaczego?
Bo dzieci są dużo wdzięczniejszym
obiektem leczenia niż dorośli. Poza tym,
może to zabrzmi brutalnie, ale najbardziej
czysta babcia jest bardziej śmierdząca
niż najbardziej brudne dziecko.
Starsi ludzie są mniej estetyczni. I to tak.

Ortopeda dziecięcy

* * *

LEKARKA
Z WARSZAWY:

Na stażu podstawa mojej pensji to było 1200 złotych na rękę. Tyle dostawałam przez pierwszy rok. Za którymś razem poszłam na salę. Leży pacjentka, też młoda dziewczyna. Zaczynamy rozmawiać. Co robi? Jest bezrobotna. Ona żali się, że dzisiaj takie czasy, jest ciężko. Na to ja mówię, że w sumie można znaleźć pracę, dużo jest ogłoszeń w sklepach, szukają pań do sprzątania. Wtedy ona mówi coś takiego: „Wszędzie oferują między 1500 a 2000 złotych. Przecież za takie pieniądze nie opłaca się pracować!". Zamurowało mnie. Pomyślałam, że gdybym poszła na utrzymanie opieki społecznej, to pewnie nie miałabym gorzej, niż przychodząc do szpitala. Trochę nie w porządku, bo to jednak było sześć lat trudnych studiów, po których czekała mnie ciężka praca. Stres, bo ludzkie życie jest w moich rękach. Drobny błąd, niedopatrzenie, spadek formy mogą doprowadzić do tragedii. Chciałabym chociaż godnie zarabiać. I nagle okazuje się, że mam zarabiać tyle co kasjer w Lidlu? Do tej pory czasami wstyd mi się przyznać przed pacjentem do tego, ile wynosi moja podstawowa pensja.

* * *

LEKARZ
Z MIASTA POWIATOWEGO:

Sam widzę, że tych dyżurów jest dużo, jeden za drugim, jeden za drugim. Nie da się uniknąć, że na pacjenta patrzy się mniej sympatycznie. Staram się tego wystrzegać, witam z uśmiechem itd. Ale nieraz jest tak, że mimo szczerych chęci człowiek się czymś zdenerwuje, zirytuje, wybuchnie.

Sam pamiętam, że gdy jako dzieciak chodziłem do lekarzy, bałem się odezwać, żeby nie wnerwić pana doktora. Nigdy nie starałem się, chociaż niby są takie zalecenia, żeby zachowywać dystans między lekarzem a pacjentem. Wręcz przeciwnie, staram się dystans skracać, być przyjacielski. Pyta pan, dlaczego są zalecenia zachowania dystansu? Żeby spoufalanie się nie przesłoniło diagnozy, chyba chodzi o coś takiego. No a poza tym przecież mamy być bogami, nie? (*śmiech*)

DZIENNIK SANITARIUSZA

Popołudnie. Moja praca to wyłącznie pokonywanie kolejnych, zawiłych korytarzy. Odczytywanie nazw na gabinetach. Nie należy tylko myśleć o łóżku, że ledwo się toczy, że znów podskoczy na progu i będzie ją bardzo boleć. Przecież nie zlikwidujemy tych progów – one są tu od zawsze. Przecież nie przeniesiemy łóżka ponad nimi – to znaczy może i dalibyśmy radę, ale... No bez żartów.

Lepiej nie patrz na nią, lepiej patrz na napisy.

„Pracownia echa" – obiecuje zawsze jakąś tajemnicę. „Nefrologia" brzmi jak imię greckiej bogini. A obok oddziału psychiatrycznego spotykasz często ludzi, którzy wyglądają, jakby unosili się nad ziemią. Czasami pytają: „Którędy do wyjścia głównego?". Czy powinno im się powiedzieć prawdę?

I pacjenci. Ich nazwiska bywają takie zabawne. Pan Bakunin boi się palpitacji, a przecież w rzeczywistości zabiła go depresja. A Danton? Nie umrze na nerki, tylko od gilotyny. Klnę się, że gdy przyjmą jakiegoś Puszkina, to będę go przestrzegał przed bronią palną, a Poniatowskiego przed kąpielami.

Już na miejscu. Czekamy.

Badania nie można zrobić. Nie ma ankiety pacjenta. Teoretycznie możemy ją wypełnić sami z technikiem, pod warunkiem że pacjentka kontaktuje, odpowie na pytania i złoży podpis. Alternatywa? Wracać z ciężkim łóżkiem na drugi koniec szpitala po ankietę. W sumie prawie wszystko, co potrzebne do ankiety, i tak jest w skierowaniu, wystarczy wyciągnąć je z kieszeni i wpisać.

– Jak pani się nazywa?

– Bbbbb.

– Kwiatkowska? OK. A imię?

– Bbbbb.

– Ewa? Piszemy.

– Ile pani waży?

– Trzydzieści dwa.

– Co?

– Trzydzieści dwa kilogramy.

Patrzymy na łóżko, na nią i po sobie. Wracamy. Pacjentka jest bez kontaktu.

* * *

LEKARZ Z MAŁEGO MIASTA:

Ósma rano. Przychodnia. Idę korytarzem do gabinetu. Patrzę na ten tłum. Nie wiadomo, czy płakać, czy uciekać. Zaczynam przyjmować. Jednego po drugim, jednego po drugim. Nagle czuję, że muszę coś zjeść. Jak nie zjem, to koniec, padnę na pysk. W końcu już szesnasta. Kiedy jadłem? O siódmej? Wychodzę.

– Przepraszam, ale muszę coś zjeść.

Milczenie. Długie spojrzenia. W końcu ktoś mówi szeptem:

– Czekamy, a on wychodzi.

Idę pewnie, oddalam się, a wtedy oni są coraz śmielsi:

– Siedzimy, a on poszedł. Całymi dniami nic nie robią, oglądają telewizję w tych gabinetach.

Czasem mam ochotę wrócić i im powiedzieć: „Jak tu zdechnę, to i dla was żadnego ratunku nie będzie".

Ale idę dalej. Nie ma sensu. To tylko pogorszy sprawę.

* * *

LEKARZ ANESTEZJOLOG:

Ludzie przychodzą do poradni i chcą być wyleczeni. Nie bardzo rozumieją, że nie we wszystkim pomoże im jeden lekarz. Bo lekarz to lekarz, skoro więc oni są u lekarza, to chcą być wyleczeni. A weźmy i porównajmy lekarza rodzinnego a lekarza anestezjologa.

To jest jak czołg i pistolet. To i to strzela – i to jest chyba jedyna cecha wspólna.

* * *

LEKARZ PRACUJĄCY NA SOR:

Jak byłem sanitariuszem, przerażała mnie izba przyjęć przed SOR. Zaczynałem dwunastogodzinny dyżur i widziałem ludzi czekających na swoją kolej. Gdy po „dwunastce" schodziłem z dyżuru, bywało, że widziałem te same twarze.

(*śmiech*) Nie wiem, jak tam było u pana w szpitalu, ale to fakt, że mamy sposoby, żeby pacjent skruszał. Jeśli przyjechał na SOR z przeziębieniem, to posiedzi tutaj kilka albo kilkanaście godzin. Nikt go nie przyjmie, choćby stał na rzęsach. To jest działanie wychowawcze. Niech siedzi, patrzy na krew, złamania, słucha jęków, żeby wiedział, po co jest SOR.

I nikt się nie czepia? Nie buntuje?

Na SOR-ze to ja jestem bogiem. Ja decyduję, kim, w jakiej kolejności będę się zajmował. Nikt nie ma prawa się wtrącać.

Ale przecież pan wie, że to lekarze wysyłają na SOR swoich pacjentów. Mówią: zadzwoni pan na pogotowie, zabiorą pana i na SOR będzie pan miał zrobione wszystkie badania, bo inaczej się pan nie doczeka.

Jasne, że wiem. To logiczne z ich punktu widzenia, oszukują system, ale ja też zachowuję się logicznie. Odstraszamy, bo inaczej ludzie z katarem kompletnie zablokowaliby SOR.

* * *

LEKARZ Z WARSZAWY:

Na jednego faktycznie poważnie chorego pacjenta trzeba przyjąć stu takich, którzy nie powinni trafić na SOR. Powinni pójść do nocnej pomocy lekarskiej albo do lekarza podstawowej opieki zdrowotnej, albo do poradni ortopedycznej. Tylko że w poradni ortopedycznej są terminy za dziewięć miesięcy. I to jest problem. Dlatego próbują ominąć system i przychodzą na SOR. A dlaczego nie ma miejsca w poradniach specjalistycznych? Z różnych powodów, ale także z powodu zachowań pacjentów. Starsze panie, które nie mają co ze sobą robić, zapisują się na przykład na zapas na rehabilitację. I potem ludzie, którzy naprawdę mają uraz, nie mogą się dostać. Nie mogą czekać, bo przy rehabilitacji po urazach czas jest kluczowy. Po zabiegu w dwa tygodnie trzeba rozpocząć usprawnianie. Inaczej rehabilitacja nie da rezultatu. A w praktyce wygląda to tak, że nie ma miejsc, więc jak ktoś chce być sprawny i zdrowy, musi zapłacić i zrobi się mu rehabilitację prywatnie. Jak ich nie stać, nie robią nic, nie wracają do zdrowia, proste.

Jak wskazują wyniki badania, w ciągu ostatnich dwunastu miesięcy opóźnienia z powodu długiego okresu oczekiwania sygnalizowała blisko jedna czwarta osób potrzebujących opieki zdrowotnej (czyli prawie 7,2 miliona osób).

Źródło: GUS, Stan zdrowia ludności Polski w 2014 roku, Warszawa 2016

* * *

REZYDENTKA CHIRURGII:

Poradnia podstawowej opieki zdrowotnej, w której podjęłam pierwszą pracę, była obłożona niezmiennie dużą liczbą pacjentów. Tak że w rejestracji zapisywali mi pacjentów nie co piętnaście minut, tak jak stanowi ustawa o POZ, tylko co dziesięć. Oczywiście się nie wyrabiałam. Powinnam kończyć o osiemnastej trzydzieści, a siedziałam w robocie do dwudziestej, do dwudziestej pierwszej, czyli – jak to mówiłam – do ostatniego klienta. Ponieważ miałam też pracę w szpitalu, to o dwudziestej pierwszej wieczorem dochodziłam do czternastu godzin pracy danego dnia. I prawdę mówiąc, nie wiem, jak leczyłam, bo nie bardzo wiedziałam, jak się nazywam. Niektórzy koledzy zamykali po prostu gabinet i ogłaszali chorym, że mogą pójść do nocnej pomocy lekarskiej. Ale jakoś nie miałam serca trzaskać ludziom drzwiami przed nosem.

Jak to jest leczyć, kiedy człowiek nie wie, jak się nazywa?

Podjęłam to ryzyko. Pracowałam po prostu wolniej, gdy widziałam, że przestaję już kontaktować. Starałam się poświęcić danemu problemowi trochę więcej czasu, żeby mi coś nie umknęło. To się oczywiście kończyło tym, że z pracy wychodziłam jeszcze później, ale za to wierzyłam, że zwiększam swoje szanse, by uniknąć błędu.

Bała się pani, że coś złego się może zdarzyć?

Tak, oczywiście, że tak. Bałam się, że coś mogę przeoczyć. Czasami wracałam do domu i myślałam sobie: „Ojej, nie pomyślałam jeszcze o tym, żeby mu zlecić badanie ogólne moczu" albo coś innego.

Czyli wracała pani do domu, ale i tak nie wychodziła pani z pracy? Głowa zostawała w przychodni?

Czasami było tak, że kiedy miałam wątpliwości, zostawiałam pacjentom mojego maila, prosiłam, żeby pisali, co się z nimi dzieje itd. I już z domu odpisywałam na te maile. Starałam się o nich zadbać jak najlepiej. Jednak POZ to jest stosunkowo małe ryzyko. Tam trafiają w gruncie rzeczy proste przypadki. Jak człowiek się bardzo źle czuje, to wezwie pogotowie albo pójdzie na SOR. Zresztą ciągle powtarzałam pacjentom: „Jakby coś się działo, to proszę, żeby się państwo zgłaszali na SOR czy dzwonili na pogotowie". W POZ było mniejsze ryzyko, że komuś zaszkodzę. Gorsze było to, że po takiej pracy następnego dnia, jak wstawałam rano i szłam do szpitala, myślałam sobie: „Kurczę, chyba wolałabym dzisiaj nie operować. Nie wiem, czy dam radę. Na moim oddziale chirurgii ogólnej okazywało się, że nic z tego. Pierwszy zabieg, drugi zabieg, potem asysta, potem druga, trzecia, czwarta. To się zdarza, jak na przykład parę osób ma urlopy. Wtedy jest bardzo dużo pracy. No to się pracuje. Bywały takie dni, kiedy szło się na jedną salę operacyjną, ledwo skończyło się zabieg, szło się na drugą do kolejnego zabiegu. Znieczulony pacjent już leży. I następny. A my taśmowo operujemy przepukliny, pęcherzyki, czasami coś większego. No cała chirurgia, proszę pana. Ciężka praca.

* * *

SANITARIUSZ:

Kiedy na SOR trafia się gość konfliktowy, taki co się rzuca, można go ukarać w prosty sposób. Wystarczy do zastrzyku wybrać trochę grubszą igłę. Niech go boli!

* * *

KARDIOLOG:

W prywatnym gabinecie pacjent to mój pracodawca. Jest chamem? Wychodzę do innego pomieszczenia, biorę kilka głębokich oddechów, wracam. Jestem miły, uśmiechnięty. A w szpitalu? Szybko się przełączamy. Jak traktujemy tych ludzi? Natychmiast zwracamy się do nich jak do małych dzieci. I ta opryskliwość, wyższość. Demonstracja siły. Zawsze jesteśmy górą! Bo czy jakiś pacjent wejdzie w konflikt z lekarzem, który ma go operować? Nigdy!

* * *

LEKARKA RODZINNA

Pracy jest dużo, a czasu na pacjenta coraz mniej. To, co kiedyś należało do rejestratorek medycznych, przeszło na lekarza, więc jeżeli przychodzi pacjent po skierowanie do sanatorium, po ileś recept i po jeszcze jakąś inną formalność, to wszystko trzeba zrobić samemu. Ma się na to maksymalnie piętnaście minut. W takim czasie nie można tego zrobić porządnie i jeszcze zdiagnozować, porozmawiać. I tu zaczyna się już balansowanie na niebezpiecznej granicy. Bo skąd pewność, że na wszystko udało mi się zwrócić uwagę? A może coś przepuściłam? Czasem przychodzę z tym do domu. Spieszyłam się, czy w tym pośpiechu nie zrobiłam jakiegoś błędu? Ten pośpiech ma też jeszcze jeden zły aspekt. Nie da się pacjentom wytłumaczyć, o co chodzi z ich zdrowiem. Dlaczego powinni stosować dietę albo brać jakiś lek. Jeśli się opowie o tym, użyje logicznych argumentów, pacjent się zastosuje. To jest zupełnie inna jakość leczenia. Przecież bez tłumaczenia to nie ma sensu. Każdy i tak wie lepiej, bo „przeczytał w internecie". Jasne, przeczytał pan, ale... Tylko nie ma na to czasu. Jeśli ma się trzydzieści minut na pacjenta, da się zrobić wszystko. Piętnaście minut nie wystarcza. A więc większość lekarzy macha na to ręką: „Przeczytał pan? Aha. Czyli wszystko pan wie! Bardzo dobrze". Bo co go to obchodzi. W końcu jeśli każdemu będzie chciał wytłumaczyć, to ludzie w kolejce go zabiją, bo czekają, czekają, a lekarz przyjmuje jak ten ślimak. Dostanie ochrzan od szefa – bo co to jest, że kolejka taka długa i ludzie zdenerwowani. No i od żony – bo zamiast przyjść do domu na kolację, to on jeszcze przyjmuje ludzi. Miał przecież pracować tylko do osiemnastej!

* * *

LEKARZ Z POZ:

Człowiek cieszy się, jak przychodzi pacjent po przedłużenie recept. Super! Zaoszczędziłem pięć minut! Bo kolejka się grzeje. Ludzie nabuzowani. A ten tylko po przedłużenie recept. Aha, super. Trochę się te leki wykluczają jeden z drugim, ale co mnie to obchodzi. Pan tu tylko „po przedłużenie recept", chyba wie, co robi? Ja mu nie mam kiedy tego wyjaśnić. Ludzie w kolejce by mnie zlinczowali. Boję się pójść do toalety. Załatwienie swoich potrzeb fizjologicznych wiąże się z przejściem przez rozzłoszczone stado. Trzeba wysłuchać uwag: „I jeszcze wychodzi, a tutaj takie opóźnienie". Zjedzenie kanapki to wyrok śmierci. No więc muszę robić tak, żeby piętnaście minut wystarczyło na wszystko. Na recepty, wypełnienie druczków, badanie, diagnozę. Zrobię to po łebkach, to się wyrobię i wszyscy będą zadowoleni. Ja dostanę pieniądze, ludzie mnie pochwalą i nie będę przesiadywał jak frajer po godzinach tylko po to, żeby pomóc ludziom.

* * *

REZYDENTKA INTERNY:

Pierwsza praca. Poradnia POZ, zaraz po stażu. Jestem w ciąży, nie dostałam się na specjalizację, nie chcę brać zasiłku dla bezrobotnych. Pierwsze wrażenie? Właśnie się przekonałam, że nie umiem wielu praktycznych rzeczy. Może to brzmi źle, bo lekarz, który przyjmuje w poradni, powinien wszystko potrafić. Ale ja nawet nie wiedziałam, jaki antybiotyk dać na zapalenie pęcherza. Musiałam to wszystko sprawdzać. Spędzałam też w domu dużo czasu, żeby się przygotowywać do pracy. Żeby pacjenci byli faktycznie „zaopiekowani". Nie chciałam tego robić byle jak, po łebkach. Miałam akurat to szczęście, że w tej poradni było dużo specjalistów, miłych ludzi. Mogłam do nich chodzić, pytać o wszystko.

Jak pacjenci traktowali taką młodą dziewczynę, która miała ich leczyć?

Było ich bardzo dużo i oni byli bardzo różni. Bardzo wiele osób przychodziło, widziało młodą osobę i nie rozmawiało o tym, co im dolega. One od razu wiedziały, po co przyszły:

– Chciałbym skierowanie na USG jamy brzusznej.

– Rozumiem, proszę pana, ale proszę powiedzieć, co się dzieje.

– Ale to nie powinno pani obchodzić, ja chcę skierowanie.

– Ale, proszę pana, ja muszę na skierowaniu napisać, z jakiego powodu pana wysyłam na to badanie. Przecież ja nie jestem złośliwa, nie mówię, że panu tego nie dam, tylko proszę pana o rozmowę.

Takie bywały przypadki. Ludzie sobie nie zdają sprawy, że osiemdziesiąt procent rozpoznania to jest wywiad i badanie fizykalne. Oni nie chcą z nami w ogóle rozmawiać, oni chcą uzyskać to, po co przyszli, trochę tak jakby przychodzili – nie wiem, do jakiegoś automatu wydającego recepty. Z tym że automat musi być zawsze dyspozycyjny, musi być zawsze uśmiechnięty.

Myśli pani, że chodziło o pani wiek? Uważali, że sami lepiej się znają na medycynie?

To takie rozdwojenie, bo z jednej strony ludzie mówili wprost: „O, pani taka młoda! Dopiero pani studia skończyła? To co pani tam wie?". Ale z drugiej strony oczekiwali, że ja już mam specjalizację, a najlepiej to dwie specjalizacje: interna i może jeszcze coś dodatkowo. Jak się dowiadywali, że nie mam żadnej, to byli bardzo zaskoczeni, a niektórzy niezadowoleni. Nie zamierzałam ich okłamywać.

Pani ciąża wpływała na pracę?

Zbliżał się moment rozwiązania i niektórzy pacjenci pytali: „A pani to tutaj nie będzie? To kiedy pani wróci?". Dziwna presja. Tak jakby zakładali, że nie mogę mieć innego życia poza pracą. Czyli nie jest ważne, że zaraz będę matką, będę miała niemowlę, będę wykończona. Dla nich ważne jest, że chcą do mnie przychodzić, żebym ich leczyła. Nie jestem dla tych ludzi matką, żoną, tylko lekarzem, a lekarz to osobny byt. Lekarz ma dobrze pracować, być miły, uśmiechnięty, nie może się gorzej czuć. Jak jest niemiły, to po prostu jest złym lekarzem, a nie człowiekiem, którego również coś boli. Lekarz nie ma prawa do takich ludzkich spraw. Kiedyś miałam taką sytuację, właśnie w ciąży, że się skrzywiłam przy pacjentce.

– Co, nie podoba się pani to, co mówię? – usłyszałam.

– Nie, dziecko akurat kopnęło mnie w żołądek i mi się niedobrze zrobiło – zaczęłam się tłumaczyć.

Przykre, że nie widzieli w pani człowieka?

Trochę. Czasami dopiero po sześciu godzinach przyjmowania szłam do ubikacji. Ludzie potrafili na korytarzu na mnie naskoczyć:

– Jakim prawem pani wychodzi z gabinetu? My czekamy!

– Do ubikacji.

– Aha, aha, no dobrze, no dobrze!

Choć i to tłumaczenie nie wszystkich powstrzymywało. Jedna pani weszła za mną do pokoju socjalnego, w którym była toaleta:

– Czy pani mnie przyjmie dodatkowo, bo ja potrzebuję skierowanie do laryngologa...

– Tak, ale proszę chwilę zaczekać, za moment do pani wyjdę.

Wchodzę do tej ubikacji, a ta babka za mną do tego kibla:

– Kiedy będzie to skierowanie?

* * *

LEKARZ Z DUŻEGO MIASTA WOJEWÓDZKIEGO:

Szpital, dyżur. Koledzy akurat się posilali. Przyszedł facet, zresztą dziennikarz. No i miał wielki żal, że jedzą zamiast mu udzielić pomocy. Pieklił się, dlaczego tak się dzieje. Odpowiedź jest prosta. Koledzy zrobili sobie przerwę, bo akurat pewnie pizza przyjechała. A było czasem tak, że wszyscy czterej musieliśmy iść do pilnego zabiegu. My robimy zabieg, pacjenci na dole sobie kwitną. Oczywiście w momencie, kiedy któryś z nas nie był potrzebny, schodził na izbę przyjęć. I co? Naturalnie wielka pretensja: „Dlaczego, dlaczego, dlaczego doktorów nie ma, a my tak długo czekamy". Doktorów nie ma, bo jedzą pizzę albo ratują życie. Przyjdą w odpowiednim czasie. Trzeba czekać. Tak działa ochrona zdrowia.

* * *

SZEFOWA POZ NA WSI:

Na tej wsi jestem od lat, od czasu skończenia studiów. Widzę tych ludzi codziennie, oni widzą mnie, plotkują o mnie. I do niektórych tracę na chwilę empatię. Na przykład ktoś był dla mnie niemiły, coś mi zrobił, był jakiś zatarg. Ale co ciekawe, że w momencie, kiedy on tu przyjdzie i jest ciężko chory, to się odradza ta empatia do niego. Myślę, że specyfiką tego zawodu jest właśnie empatia i jej się nie traci na zawsze. Ktoś, kto nie ma empatii, nie może być dobrym lekarzem. Czym innym jest wypalenie. Moja mama była lekarzem radiologiem. Radiolodzy nie pracowali nigdy w soboty, za to mieli jakieś kominki naukowe i matka ciągle na nie jeździła, choć nie musiała. Miałam takie poczucie, że ona się cały czas uczy, i ja chciałam tak samo. Jeździłam więc na szkolenia i do Warszawy, i do Lublina. A teraz nie jeżdżę. Ludzie mi mówią: „W internecie pisze co innego". Aha, w takim razie stwierdziłam, że skoro wam tak pisze w internecie, to ja chromolę, już jestem w takim wieku, że się nie będę uczyła, nie zależy mi. Wypalenie? Tak, na pewno.

* * *

LEKARZ Z WARSZAWY:

Już na samą myśl o dyżurze i przyjmowaniu pacjentów robi mi się niedobrze. Zastanawiam się, kto do mnie dziś przyjdzie... Różnie bywało, ciężko. Musiałem nawet policję wzywać, bo nie dawałem sobie rady z pacjentami, po prostu już nie dawałem rady.

Byli agresywni?

Byli agresywni, nie rozumieli pewnych rzeczy, awanturowali się, wchodzili bez pukania w trakcie badania innych pacjentów. No dziki zachód. Albo nagrywali wszystko telefonem.

Ale co nagrywali?

Całą wizytę. Nie wiem, co oni myślą? Że jak nagrywają, to są lepiej traktowani? Albo że bez nagrania zrobimy im coś nie tak? Skrzywdzimy?

* * *

LEKARZ PRACUJĄCY NA SOR:

Na niektórych intensywnych terapiach pacjenci cały czas robią zdjęcia, bo szukają jakichś haków, za które można by pozwać później szpital. Myślę, że głównym problemem jest to, że społeczeństwo ma nas gdzieś. My mamy pomagać, świadczyć usługi. A oni nam za to dają 5 tysięcy brutto po trzydziestu latach pracy! To jakie to są pieniądze? I za taką kasę społeczeństwo chce mieć lekarza, który jest sympatyczny, empatyczny, wypoczęty, miły oraz uśmiechnięty. Gówno, tak się nie da. Lekarz jest dla nich tanim usługodawcą, podrzędnym fachowcem, kimś w rodzaju hydraulika, który ma obowiązek wobec społeczeństwa, bo składał przysięgę Hipokratesa, więc można go szantażować moralnie. Wykonywanie zawodu lekarza nie jest zbyt miłe, wystarczy popracować na intensywnej terapii. A dodajmy jeszcze to, jak muszą się czuć pielęgniarki, salowe, sanitariusze – ci wszyscy ludzie zarabiają grosze. Tak ich szanujemy jako społeczeństwo!

* * *

LEKARKA RODZINNA:

Człowiek siedzi dwunastą godzinę w tej robocie, przyjmuje któregoś z kolei pacjenta. A ten pacjent jest niemiły, bo myśli, że jak będzie niemiły, to ja się go przestraszę. Będę bardziej uległa i otrzyma to, co chce. Wtedy zaczynam wątpić w sens tej pracy. Zwłaszcza że wiele osób nas po prostu nie słucha. Mówisz, dajesz dobre rady, prosisz – a oni swoje. I potem wracają z pretensją, że im się nie poprawia. No, cholera jasna! To ja wysłuchuję ich gadania, staram się być uważna, nie przepuścić ani słowa, bo może właśnie to będzie ważne dla diagnozy, a oni mnie olewają, robią po swojemu i jeszcze mają pretensje!?

* * *

LEKARKA Z POZ:

Jeśli ktoś od godziny ósmej do trzynastej przyjął sześćdziesięciu pacjentów, to nie ma czasu na kurtuazję. Wykonujemy profesjonalną usługę, na którą mamy bardzo mało czasu. Wypełniamy papierki, patrzymy na zegarek, mówimy: „Następny proszę". Moglibyśmy skupić się na pacjencie, spojrzeć mu w oczy, wysłuchać go, żeby on się poczuł bezpiecznie i powiedział nam wszystko, niczego nie pominął, i żeby ta relacja była dobra, i żeby pacjent potem nas się słuchał, i wykonywał nasze zalecenia, przyjmował leki w sposób taki, jaki trzeba itd. Ale, niestety, nie ma na to czasu. I to nie jest nasza wina. Tak działa system.

Każdy z nas, gdy wie, że ma iść do lekarza albo do szpitala, jest wściekły. Wie, jak to wygląda, na dodatek jest w stresie, bo jest chory, martwi się o siebie, jest zdenerwowany i wkurzony, bo widzi, jak to wygląda. Więc człowiek idzie podwójnie wkurzony na izbę przyjęć. Ja też niedawno miałam takie doświadczenie. Dostałam ostrego zapalenia spojówek. Nic nie widziałam. Przesiedziałam sześć godzin na SOR-ze. Poziom frustracji rósł, ale ludzie nie wiedzą, że jeżeli nic nie zagraża życiu człowieka, czas oczekiwania to dwanaście godzin. Bo ludzie w ogóle nie wiedzą, kiedy i z czym mogą iść na oddział ratunkowy, nigdzie nie ma takiej informacji. I swoje frustracje wylewają na nas. W sumie trudno im się dziwić.

* * *

REZYDENT PSYCHIATRII:

Kiedy widzimy, że choroba jest bardzo poważna, ale ministerstwo nie uwzględniło na liście leków refundowanych lekarstwa na nią, staramy się rozpoznać taką chorobę, na którą możemy przepisać inny lek, za to refundowany. Dla chorego różnica jest jak między braniem leku a niebraniem leku. Zdajemy sobie sprawę, jakie są koszty chorób nieleczonych – czy to somatycznych, czy psychicznych. Więc często naginamy. Ale czasami to do nas wraca. Boimy się kontroli z NFZ-etu. Na początku, jak weszły refundacje leków, to okazało się, że niektórzy lekarze mieli do zapłacenia po kilkaset tysięcy złotych, dotyczyło to na przykład leków na cukrzycę. Lekarze wstydzili się tego, bo ciążyło na nich odium złodziei. Musieli sprzedać mieszkanie, żeby za to zapłacić, i nadal się wstydzili. Ponieważ my, lekarze, generalnie się wstydzimy i staramy się trzymać w sekrecie nasze słabości.

* * *

REZYDENTKA CHIRURGII:

Przez tę gonitwę czasami zapominamy, po co jesteśmy lekarzami. Zaczyna się liczyć tylko kasa. Nieważne, czy jesteś w pracy przytomny, czy masz czas porozmawiać z pacjentem. A pacjentom najbardziej brakuje rozmowy.

Często są bardzo zdenerwowani, nie wiedzą, co im jest, czy są zdrowi, czy bardzo chorzy. Szczególnie tutaj, na chirurgii. Dzisiaj poszłam do pacjentki porozmawiać z nią chwilę, zapytać, czy chce zwolnienie lekarskie. Jak mnie inni ludzie na sali dopadli, to siedziałam godzinę. Z każdą osobą musiałam porozmawiać chociażby chwilę o jej problemach zdrowotnych, bo wszyscy mieli do mnie pytania.

Na oddziale tego dnia było pięciu lekarzy. Dwóch musi iść do poradni: jeden do chirurgicznej, drugi do proktologicznej. Dwóch idzie na blok operacyjny. Jeden zostaje robić wypisy. Fizycznie nie ma czasu porozmawiać z pacjentami na czterdziestołóżkowym oddziale. Tu jest jak w fabryce. Dosłownie. My, lekarze, odbijamy w szpitalu karty dokładnie jak w fabryce. Za każde pięć minut spóźnienia jest albo kara finansowa, albo trzeba zostać dłużej i to odpracować. Biorąc pod uwagę, ile nam płacą, te karty to jest dodatkowa rozrywka. Wszyscy emocjonują się tym, ile czasu nie dopracowali, ile nadpracowali. Czy są 12 złotych do przodu, czy w plecy.

* * *

BYŁA LEKARKA POZ:

W POZ są takie osoby, które przychodzą ciągle, które się już zna. Zna się ich historię życiową. Mówią o bólu brzucha, a tak naprawdę nie o brzuch tu chodzi, tylko o skomplikowaną sytuację osobistą, głęboką depresję. I nikogo to nie obchodzi, bo system leczy ból brzucha, a depresja, samotność systemu nie interesuje. Lekarze nie pytają, pacjenci często nie mają śmiałości mówić. Ale jak się nawiąże z nimi dobrą relację, to w pewnym momencie, na którejś tam wizycie, zaskakują człowieka. Kiedyś kolejny już raz zjawiła się starsza pani. Wypisuję jej recepty, bo tylko po to przyszła, żeby przedłużyć leki, więc gryzmolę wszystko ręcznie, bo poradnia nie była skomputeryzowana. I pani nagle:

– W czasie wojny to w obozach koncentracyjnych zginęli moi rodzice i zostałam sierotą.

– Mam nadzieję, że później życie było dla pani łaskawsze.

– Nie, moje życie było straszne.

I zaczyna mi opowiadać historię tego swojego strasznego życia. Jak przyjdzie do poradni pięć, dziesięć takich osób, to nie dość, że się człowiek musi starać, żeby ich dobrze leczyć, jeszcze trzeba tego wszystkiego wysłuchać, coś odpowiedzieć, jakoś się tym zainteresować. Mnie to osobiście mocno obciąża, dużo kosztuje. To też był powód, dla którego stwierdziłam, że chyba nie dam dalej rady i odeszłam z poradni.

* * *

LEKARZ ORTOPEDA:

Czasami rzeczywiście jest tak, że ma się dość. Chce się już coś odwalić, żeby pacjenci sobie poszli i się odczepili. Wtedy się staram pomyśleć: „A co by było, gdybym to ja był pacjentem albo moje dziecko". Wiem, że to brzmi górnolotnie, ale taka myśl jakoś sprowadza mnie na normalne tory. Zaczynam sobie uświadamiać, że ci pacjenci też są przecież zagubieni i że generalnie cały system jest chory, ale oni za to nie odpowiadają. Gdyby mieli pieniądze, nie staliby w kolejkach, nie zapisywali się na za pół roku do specjalisty. Kupiliby sobie wizytę w prywatnej przychodni, ale przecież ich nie stać.

* * *

STUDENTKA VI ROKU MEDYCYNY:

Czego uczą na studiach?

Zasada: „Pamiętajcie, że pacjent zawsze kłamie!".

Jak to?

Ludzie kłamią jak najęci. Nie przyznają się, że brali leki na własną rękę. Nie przyznają się, że nie wykonali zaleceń lekarza.

Dlaczego kłamią?

Wstydzą się najczęściej swojego postępowania. „Pił pan?". „Ale skąd!", a jeszcze jedzie od niego wódą.

Dlatego zakładamy, że nas okłamują. Zakładamy dla ich dobra.

Jacy są jeszcze pacjenci?

Uważają, że im się wszystko należy, bo: „Płacę podatki!". To ich paradoksalnie łączy z lekarzami, bo lekarze także uważają, że im się „należy". Jednym należy się profesjonalna pomoc, bez kolejki, miły, empatyczny lekarz. Innym należy się dobra płaca za wyrzeczenia ponoszone na studiach, za staż, za stres. Każdej ze stron się należy, każda ze stron ma swoją rację.

PRZYRZECZENIE LEKARSKIE

(Składają je obecnie wszyscy absolwenci akademii medycznych w Polsce)

Przyjmuję z szacunkiem i wdzięcznością dla moich Mistrzów nadany mi tytuł lekarza i w pełni świadomy związanych z nim obowiązków przyrzekam:

- obowiązki te sumiennie spełniać;
- służyć życiu i zdrowiu ludzkiemu;
- według najlepszej mej wiedzy przeciwdziałać cierpieniu i zapobiegać chorobom, a chorym nieść pomoc bez żadnych różnic, takich jak: rasa, religia, narodowość, poglądy polityczne, stan majątkowy i inne, mając na celu wyłącznie ich dobro i okazując im należny szacunek;

- nie nadużywać ich zaufania i dochować tajemnicy lekarskiej nawet po śmierci chorego;
- strzec godności stanu lekarskiego i niczym jej nie splamić, a do kolegów lekarzy odnosić się z należną im życzliwością, nie podważając zaufania do nich, jednak postępując bezstronnie i mając na względzie dobro chorych;
- stale poszerzać swą wiedzę lekarską i podawać do wiadomości świata lekarskiego wszystko to, co uda mi się wynaleźć i udoskonalić.

Przyrzekam to uroczyście!

* * *

LEKARZ ORTOPEDA:

Miał pan już dość?

Pacjentów? Miałem dość, tak, oczywiście. Duża część problemu, jaki mamy w polskiej ochronie zdrowia, to pacjenci. Roszczenia są coraz większe, wymagania sięgają nieboskłonu. Ludzie mają naprawdę chore wyobrażenie o tym, co może współczesna medycyna. Wydaje im się, że może wszystko! Mam zniszczony staw łokciowy. A od czego są komórki macierzyste? Zrobi się takie szach-mach i ten staw odrośnie. Było przecież o tym w internecie! Aha, ale tak nie będzie. Nie odrośnie. Sorry.

Ludzie wiedzą zawsze lepiej, ale nie rozumieją tego, że każdy sposób leczenia – czy to operacyjny, czy nieoperacyjny – ma określone wskazania i przeciwwskazania. Nie każdy może być zakwalifikowany do danej metody. Po to się uczymy, po to zdajemy egzaminy, robimy staże, specjalizacje, żeby wiedzieć i decydować. To my się znamy, a oni się nie znają. Mają nas słuchać. Ale nie, bo przeczytali w internecie, a w ogóle to im się należy! A że na przykład może istnieć ktoś, kto jest bardziej potrzebujący? Tego nie są w stanie pojąć, bo przecież oni są najważniejsi. Oni powinni dostać pierwsi i najwięcej.

Któryś pacjent pana tak naprawdę zezłościł?

Dużo by gadać. Pytanie, który jest bardziej denerwujący? Pacjent awanturujący się? Czy na przykład pacjent powracający? Wraca któryś raz z rzędu, bo mu się nie chciało iść do poradni, bo nie wykupił recepty, bo zdjął gips, gdyż go ten gips uwierał. A może denerwujący jest zapuszczony alkoholik, śmierdzący, nieumyty? Był tu facet, taki brudas, któremu wlała się kawa fusiasta pod gips. Fusy sobie pod gipsem były i jadły je muchy. Całe szczęście nie jadły mu ciała, tylko te fusy. Facet przychodzi na zdjęcie gipsu. Otwieram gips, a z niego wylatuje rój much. Tak więc naprawdę ciężko powiedzieć, kto mnie najbardziej zdenerwował. Może to wszystko zależy od tego, w jakim jest się stanie psychicznym? Przecież my też mamy własne prywatne życie. Tam bywa różnie. I jest też, niestety, problem z przepracowaniem. W pewnym momencie człowiek jest tak zmęczony, że denerwuje go wszystko. I się po prostu już nie chce. Niczego się nie chce. Jest nas za mało. W jaki sposób jeden lekarz może obsłużyć siedemdziesiąt osób dziennie – kulturalnie i kompetentnie?

W ortopedii przyjmowanie pacjentów jest nieco skomplikowane. Bo najpierw musisz przyjąć, zbadać pacjenta, wysłać go na zdjęcie. Wraca ze zdjęcia. Musisz to zdjęcie ocenić, bo nie oceni tego radiolog. A nawet jeśli oceni, to i tak ty musisz ocenić drugi raz, bo klasyfikacja radiologiczna nie zawsze jest zgodna z naszą. Potem musisz na przykład nastawić złamanie, założyć gips. Człowiek orkiestra! Nawet gips zakładasz! Wszędzie na Zachodzie są od tego technicy, pielęgniarze, gipsiarze. Ale w Polsce właściwie instytucja gipsiarza zamarła. Są pojedyncze miejsca jeszcze w Warszawie. No więc ten pacjent wraca, a ty jeszcze musisz napisać mu kartę badania, zrobić wywiad, obserwację, wypisać receptę, zwolnienie. To jest bez sensu – bo po co kształcimy lekarza? Żeby gipsował? Żeby wypełniał papierki? Niech to robi ktoś inny. Ktoś mniej wykwalifikowany. Lekarz ma być najważniejszy, on ma decydować o sposobie leczenia. Myślę, że te wszystkie niepotrzebne czynności męczą nas najbardziej.

Ale siedemdziesiąt osób dziennie, o których pan wspomniał przed chwilą, to metafora?

W ciągu jednego mojego dyżuru w szpitalu przyjęto siedemdziesięciu dziewięciu pacjentów.

Ile trwa taki dyżur?

Dwadzieścia cztery godziny plus, czyli teoretycznie od ósmej do ósmej, ale oczywiście potem trzeba zostać na odprawie, zrobić jakieś wypisy, czasem się wychodziło o dziesiątej albo jedenastej.

I potem co? Do następnej roboty?

Tak, na ogół znów do roboty.

* * *

CHIRURG Z 16-LETNIM STAŻEM PRACY:

Kiedyś pacjenci byli, że tak powiem, dużo lepszej jakości. Nie mieli tylu pretensji. Zawód lekarza, pielęgniarki był zawodem szanowanym. I to się zaczęło zmieniać. Powoli, powoli. Myślę, że zaczęło się to zmieniać w okresie transformacji. Dlaczego? Bo służba zdrowia jest kiepsko opłacana. A ludzi, którzy mało zarabiają, nie szanuje się w kapitalizmie.

Ale pan przecież dużo zarabia?
Tak, bo bardzo dużo pracuję.

* * *

ANESTEZJOLOG
PRACUJĄCY W NOCNEJ
I ŚWIĄTECZNEJ OPIECE ZDROWOTNEJ:

Właśnie w takich „nocnych opiekach" jest najwięcej skarg na lekarzy. Że lekarz był niesympatyczny, niemiły, źle się zachowywał. Czasem skarżą się, że „pan doktor zbluzgał". Takie zachowania są na pewno częste. Dlaczego? Przychodzą ludzie z bzdurami. A lekarze? Zawsze zmęczeni. Jeden bardziej, drugi mniej, ale zawsze. No i tak jak to z ludźmi, jedni lekarze są bardziej sympatyczni, inni mniej sympatyczni. Jedni dobrze wychowani, kulturalni. Inni chamscy, bo przecież dyplomy dostajemy z medycyny, a nie z kulturalnego zachowania. Ludzie i ludziska. To samo dotyczy lekarzy, jak i pacjentów. Staram się nie wchodzić w konflikty. Jakoś zagadać.

Rozładować napięcie, zwłaszcza że przecież wyrastałem w tym środowisku, w tym miasteczku, w którym pracuję. No ale czasami się nie da. Czasem widzę, że nawet pielęgniarki nie wytrzymują i same zaczynają bluzgać, robić zadymę, dają się ponieść emocjom. Byłem świadkiem takich zadym nieraz.

Z czego to wynika?

Z tego, czego się od nas wymaga. A czego od nas się wymaga? Momentami dosłownie pancerza. Bo tak jak konduktor w PRL odpowiadał za to, że pociąg jest spóźniony, w wagonie zimno, a kibel zarzygany, tak my odpowiadamy za cały system opieki zdrowotnej. Przychodzą ludzie i gotowi są rzucać się na nas, zaczynać od pyskówki.

Jakiś przykład?

Sobota rano. Wchodzi kobieta ze starszym mężczyzną.

– Dzień dobry. To mój tata, on pracuje za granicą. Przychodzi do pana z przetoką okołoodbytniczą na wymianę sączka.

– Ale jak na wymianę sączka? Tym się zajmuje poradnia chirurgiczna.

– A chirurg powiedział, że można przyjść tutaj na zmianę sączka, do świątecznej opieki lekarskiej.

– Takie sprawy akurat nie są w naszej gestii.

I ona zaczyna się na mnie wydzierać. Kompletny jazgot. Jej ojciec, zdaje się miły człowiek, jest już podenerwowany sytuacją. Nie dziwię się. Bo ma ropnia w dupie, a to jest średnio przyjemna sprawa. Staram się wczuć w sytuację, okazać zrozumienie i wytłumaczyć.

– Nie mam tego jak panu zmienić. Możemy zajrzeć. Zobaczymy, co tam jest, przynajmniej spróbujemy, ale nie zmienię sączka.

Gość pyta mnie spokojnie:

– Ale dlaczego pan mi tego nie zmieni?

– Otóż, proszę pana, bo nie mam sączków, po prostu. Nie mam ich fizycznie.

I taka jest prawda. Czy ja umiem wymienić sączek? Nie, nie umiem! Czybym sobie jakoś z tym poradził? Tak, nie ma problemu. Ale nie mam sączka. Chirurg mógłby to zrobić w pięć minut, pewnie i dla mnie wielkiej filozofii by tu nie było. Jednak nie mamy sączków i tyle. Bo się sączkami nie zajmuje nasza polska nocna opieka świąteczna.

No więc włącza się znów córka:

– Ale jak to tak? Co to w ogóle ma być? Tam, gdzie tata pracuje, za granicą, to są karty i się czipuje, i wszystko widać jak na dłoni. I pomoc jest, można ją uzyskać natychmiast. Tak! Natychmiast. Na poziomie.

To ja jej mówię:

– Proszę pani, ja się z panią zgadzam, tak powinno być, że pani przychodzi z dowodem, ja wkładam go w czytnik i od razu pokazuje mi się rentgen klatki piersiowej. Zgadzam się, ale nie do mnie te pretensje. Proszę iść do ministerstwa i im robić awanturę. Czipy! Nic takiego nie ma i jeszcze długo nie będzie. Mamy eWUŚ (Elektroniczną Weryfikację Uprawnień Świadczeniobiorców), system, który czasami tylko się wiesza, to już jest sukces. Taka służba zdrowia.

* * *

LEKARKA RODZINNA:

W końcu trafia się na taśmę. Gabinet, przed gabinetem kolejka. Kilka minut na pacjenta. Przykra sprawa, kiedy człowiek jest zdany tylko na siebie, nie ma się do kogo zwrócić. Bo przecież pacjenci to nie są jakieś przykłady z książek. Jak to się mówi: „nie idą podręcznikowo". I co wtedy? A ludzie w poczekalni czekają. A ci, których badasz, wcale nie chcą być mili. Mają dość czekania, boli ich, nie są do ciebie nastawieni pozytywnie. Czasami są przepełnieni agresją. No ale taka jest taśma.

* * *

LEKARZ PRACUJĄCY NA SOR:

Najlepiej od razu z góry. Żeby się trochę ogarnęli. Co prawda zaraz powstaje takie „Szszsz, jaki ten doktor niesympatyczny", ale potem jest lepiej. Bo ile można to znosić. Dzwoni kobieta co dwie godziny na OIOM i pyta o stan zdrowia męża. „No ciągle żyje! Myśli pani, że w ciągu pół godziny coś się zmieniło?". Odpuścisz jej, to cię zadręczy, a jak się przestraszy, to będzie chwila spokoju.

Zachowanie lekarzy w stosunku do pacjentów i ich rodzin jest częstym przedmiotem zgłoszeń kierowanych do Rzecznika. W zakresie prawa pacjenta do poszanowania intymności i godności są to przypadki nieuprzejmego zachowania lekarzy, w tym unikanie przekazywania pacjentom informacji, wygłaszanie komentarzy niezwiązanych z leczeniem (dotyczących na przykład zachowania, ubioru, wyglądu pacjentów) oraz wypraszanie osób bliskich pacjentom.

Źródło: Rzecznik Praw Pacjenta,
sprawozdanie za 2015 rok

Rozdział II
Marzenia

Zauważyłam, że z czasem pacjent
staje się „numerkiem". Wyszedł 15,
zaraz wejdzie 16, po nim 17. Ilu tam jeszcze dzisiaj?
Powołanie traci się podobno dość szybko.
Na studiach mówią nam:
„Nie da się zjeść powołania".

Fragment rozmowy ze studentką medycyny

DZIENNIK SANITARIUSZA

Poranek. Czytam ogłoszenie na stronie szpitala. I od razu wiem, że mnie chcą. Jak często trafia się mężczyzna, który godzi się na pracę za 1600 złotych miesięcznie? I to jeszcze na zmiany? Praca jest trudna, przygnębiająca, pieniądze marne. Jeśli zabraknie sanitariuszy, szpital stanie. Kto tu trafia? Nieudani studenci. Życiowi kaskaderzy. I kilku ludzi, którym „tak wyszło" w życiu, że zostali sanitariuszami. Oni pracują od lat. Inni przemykają przez szpital. Od razu widzę, że rotacja jest potężna:

– Neurochirurgia? Nie wiem jeszcze, zacząłem pracę dzień przed tobą. Ma być jeszcze jeden nowy. Bo tutaj ciągle ktoś się zwalnia.

Oprócz mężczyzn w dziale „higieny i transportu" są jeszcze kobiety. Solidne, pracują tu po kilka, kilkanaście lat. Są dobre, tyle że ciężkie łóżka, wózki ze źle napompowanymi oponami je wykańczają. Tak naprawdę to nie jest robota dla kobiet. Są na to za słabe. Tak więc gdy zgłasza się facet, wiadomo, że go przyjmą do roboty. Byleby nie śmierdział gorzałą. Szpital przymyka oczy na wszystko, w sumie ważne są tylko badania kału, które robi się w sanepidzie. Reszta? Wszystko da się załatwić. Własny życiorys redukuję do czterech zdań: „Urodziłem się w... dnia... W roku 1984 ukończyłem szkołę podstawową. Imałem się różnych zajęć.

Nigdy nie byłem karany". Wszystko to prawda, choć nie cała. Szefowa patrzy na świadectwo z podstawówki.

– Same piątki...

– Kiedyś się dobrze zapowiadałem.

– No i co się z panem porobiło, panie Pawełku?

– Tak jakoś... Będzie szkolenie?

– Potem!

– I nie mam świadectwa z poprzedniej pracy.

– Też potem!

Szybko na badania lekarskie – to zajmie kilkanaście minut i do roboty.

Najpierw muszę iść do piwnicy. Mijam poczekalnię przy szpitalnym oddziale ratunkowym. Ucięte palce, rozbite głowy – wszyscy czekają na rejestrację i decyzję, czy ich wpuszczą do szpitala. Kiedy przejdą przez drzwi pilnowane przez ochroniarza, powinni otrzymać jakąś pomoc. Wszyscy więc pchają się, błagają, żeby ich jak najszybciej rejestrować, obsługiwać, przyjmować. Chcą, by wyczytali ich nazwisko. Żeby cerber w czarnym ochroniarskim mundurze wypuścił ich z czyśćca i posłał dalej.

Ale po drugiej stronie też oczekiwanie. Tyle że w ciszy, bez jęków i narzekania. Szpital onieśmiela.

Staruszka. Skóra pomarszczona, ażurowa, potargane siwe włosy. Chyba nie wie, gdzie jest.

– Był tu syn! Ktoś widział? Synu!

Zrezygnowana. Jakby o niej zapomnieli. A może zapomnieli? Idę dalej ku piwnicy. Kostnica, a niedaleko magazyn z ubraniami. Dostaję białe klapki i fartuch. Zakładam i idę do kanciapy mojego „działu higieny i transportu". Znów przechodzę koło poczekalni. Staruszka w tym samym miejscu. Na widok mnie ubranego w fartuch podrywa się. Łapie mnie za ramię.

– Panie doktorze! Proszę mi powiedzieć.

– Nie jestem doktorem – odpowiadam. – Zaraz przyjdzie tu doktor i się panią zajmie – mówię, choć podejrzewam, że może to być kłamstwo.

– Dziękuję bardzo.

– Może mnie pani już puścić?

– Oczywiście, panie doktorze. Był tu mój syn!

– Pewnie też zaraz przyjdzie.

Idę. Nie chcę, żeby wyszło, że od pierwszego dnia migam się od pracy.

* * *

ROZMOWA ZE STUDENTKĄ
VI ROKU MEDYCYNY:

Umówiliśmy się w centrum handlowym, niedaleko szpitala. Przybiegła prosto z zajęć.

Kawa?
Poproszę.

Drożdżówka?
Nie, dziękuję.

Widzę, że pani chce.
No od rana nic nie jadłam. Wie pan, boję się, że niedługo będę taka jak oni.

Jak pani starsi koledzy?
Przestawieni na funkcję „robot". Postrzegający człowieka jak kolejny numerek wchodzący do gabinetu. 10, po nim 11... i 20. Ilu jeszcze dzisiaj? Mówią na to „wypalenie".

To straszne wypalić się przed trzydziestką.
Straszne. Jedna pacjentka prosiła mnie na korytarzu: „Proszę się nie zmieniać, proszę się nigdy nie zmieniać".

No ale przecież nie musi się pani zmieniać? Kto panią zmusi?
Opowiem panu taki dowcip. Co zrobić, gdy na SOR-ze jest kolejka? Lekarz wchodzi, staje na środku

i krzyczy: „Wy-pier-dalać! Wy-pier-dalać". Ludzie wychodzą w popłochu. Zostają tylko ci, którzy nie potrafią wyjść samodzielnie. I oni są we właściwym miejscu. Takim jak oni powinno się udzielać pomocy na szpitalnym oddziale ratunkowym. Ci, co wyszli, nie powinni się tu w ogóle znaleźć. Dobre?

Czy ja wiem...

Opowiadał nam to jeden z wykładowców na studiach. Cały problem polega na tym, że on wierzy, że tak to powinno działać. Bo na szpitalny oddział ratunkowy trafiają przypadkowi ludzie. Skoro nie mogą sobie zrobić normalnie badań, to dzwonią po karetkę. I wie pan co? Niewykluczone, że on ma rację.

Prawo pacjenta do świadczeń zdrowotnych było w 2015 roku prawem nieprzestrzeganym w stopniu wysokim. W porównaniu z 2014 rokiem liczba stwierdzonych naruszeń prawa pacjenta do świadczeń zdrowotnych wzrosła. Statystyka:

2013 – 65

2014 – 127

2015 – 173

Źródło: Rzecznik Praw Pacjenta, sprawozdanie za 2015 rok

* * *

LIST OD LEKARKI
Z POŁUDNIA POLSKI:

Szanowny Panie,

w Warszawie właściwie nie bywam. Czasem w Poznaniu, ewentualnie Kraków. Jeśli byłaby taka możliwość, bardziej realny wydaje mi się kontakt mailowy. W ten sposób możemy porozmawiać.

Nie wiedziałam, ile się zarabia po studiach medycznych. Nie interesowałam się, nigdy nie chciałam tego robić dla kasy. Ale zmądrzałam i teraz, gdy mając dwadzieścia siedem lat, muszę pożyczać od rodziców na chleb, drugi raz bym nie poszła. Na stażu zapieprzałam jak mały królik – w papierach, pomagałam wykonywać pielęgniarkom ich obowiązki, nieraz sama wykonywałam wypisane przez siebie zlecenie. Pierwszą reanimację miałam w pierwszym tygodniu stażu, we dwójkę z pielęgniarką. Sale pacjentów do prowadzenia dostawałam po tygodniu pracy. Oprócz tego wszystkie przyjęcia na każdym oddziale moje. Plus przy okazji każdej kontroli godziny spędzone na uzupełnianiu i sprawdzaniu historii chorób z kilku miesięcy. A popołudniami próby nauki do egzaminu i przyszłej specjalizacji. Nie wiem, ilu z nas by na te studia poszło, gdyby wiedziało, jak to wygląda... Ja nie. A znajoma pielęgniarka, rocznik 1992, po trzech latach licencjatu ma ponad 2 tysiące na rękę. Więcej ode mnie.

Po specjalizacji, na dyżurach, zarobimy. Niestety, za podstawowy etat to dalej są śmieszne pieniądze, bo zwyczajnie lekarzy jest za mało i jakby nam dali przyzwoitą kasę za normalny czas pracy, to nikt nie chciałby dyżurować częściej niż raz w tygodniu.

Jestem przekonana, że w wieku trzydziestu trzech lat, gdy – daj Boże! – skończę specjalizację (większość lekarzy robi to dopiero koło czterdziestki), będzie dla mnie troszkę za późno na zakładanie rodziny i zaczynanie normalnego życia.

Narzekam, jeżdżę na manifestacje i do posłów, gadam o tym, gdzie mogę, nie dlatego, że lubię się nad sobą użalać. Tak naprawdę mi głupio mówić, że zarabiam za mało, bo moi rodzice ciągną po dwa etaty za najniższe krajowe, żebyśmy ja i moje rodzeństwo mogli się uczyć. Tylko chciałabym ich wreszcie odciążyć, bo oni nie mieli szans na naukę, ale byli przekonani, że jak ja skończę medycynę, to to zaowocuje. Jak jest, wiemy. Nie mam pojęcia, jak długo jeszcze dam radę tak się skarżyć i pieprzyć w kółko to samo, bo to staje się żenujące.

Mam mieć pretensje do siebie? O co? Że chciałam leczyć ludzi i żyć jak człowiek? Pretensje do siebie, owszem, mam. O to, że tak wolno uczę się języków i nie lubię niemieckiego.

Niedługo społeczeństwo będzie miało problem. Bo nas braknie. W szpitalach powiatowych już się to dzieje. Leczy ich lekarz, który nie bardzo wie, co się do niego mówi, bo ma dwanaście dyżurów w miesiącu oprócz normalnego etatu. Nie z pazerności. Młody, żeby utrzymać rodzinę, starszy z powodu przyzwoitości i przysięgi Hipokratesa, bo nikt z nas nie zejdzie nawet po czterdziestu ośmiu godzinach, jeśli nie ma nikogo w grafiku na kolejną dobę...

Naprawdę nikt nie chce nikomu zrobić tym krzywdy. Jakkolwiek głupio to zabrzmi, my chcemy naprawić choć trochę polską ochronę zdrowia. Moi znajomi, rodzina i przyjaciele też cierpią przez to, co się dzieje, trzeba tylko zrozumieć, że stoimy po tej samej stronie. Przecież my jesteśmy dla ludzi i bez pacjentów nasza praca nie ma sensu.

Zwyczajnie się boję tej ogromnej odpowiedzialności i samodzielności, a biorąc pod uwagę ogromne zmęczenie i brak czasu na naukę, boję się coraz bardziej. Wydałam właśnie 1050 złotych na weekendowy kurs ALS (specjalistyczne zabiegi restytucyjne) – tata mi zafundował. Męczy mnie, że muszę poczekać na kolejną pensję, żeby kupić podstawowy podręcznik za 400 złotych i pierwszy miesiąc będę musiała przepracować bez tego... Może to wszystko zalatuje Judymem, śmiesznością czy wręcz fałszem, ale proszę mi uwierzyć, że najbardziej boję się, że zrobię komuś krzywdę. Boję się, że nie będę dobrym lekarzem. Z powodu braku wiedzy, czasu na naukę, zmęczenia, przepracowania. Boję się, a jeszcze nawet nie zaczęłam. (...)

* * *

CHIRURG, 48 LAT:

Zapach szpitala był zapachem mojego dzieciństwa. Siedziałem w gabinecie taty. Przekładałem fiolki z lekarstwami, ampułki z zastrzykami. To były moje zabawki. Słuchałem moich rodziców przy stole. Ojciec opowiadał, co słychać w szpitalu. Było to podświadome oswajanie się z chorobami, ze śmiercią. Ktoś przyjęto na oddział, „położono", „leżał". Musiał być charakterystyczny, skoro się o nim mówiło. Albo jakiś dygnitarz, albo wesoły pijak, albo biedak, który miał w łachmanach zaszyte pieniądze, albo jakaś młoda samobójczyni. Taki ktoś miał nazwisko, imię, rodzinę, jakąś przypadłość. A potem nagle umierał. Wspominano to jakoś lakonicznie, tak przy okazji. I *en passant*, jakimś westchnieniem kwitowano czyjś koniec. A nasze życie toczyło się dalej, jakby obok. Zawód był w jakimś sensie pociągający przez to decydowanie o życiu i śmierci.

* * *

ORTOPEDA DZIECIĘCY:

Lubiłem bardzo piłkę nożną. Pochodzę z małej miejscowości, gdzie piłka była jedyną rozrywką. Grałem, ale nie szło mi za dobrze. Stwierdziłem, że może mógłbym załapać się do reprezentacji jako lekarz sportowy. (*śmiech*) Tak wybrałem medycynę.

I ortopedię?

Specjalizacje się też zmieniały w zależności od tego, jaki się miało przedmiot. No i w końcu na czwartym roku się już zdecydowałem właśnie na ortopedię.

Przez piłkę?

Tak, miałem kontuzję piłkarską i zobaczyłem, jak wygląda ortopedia z drugiej strony, od strony pacjenta.

A wygląda chyba nie najlepiej?

Tak, nie wygląda najlepiej. Kontuzji doznałem, gdy byłem na treningu sekcji AZS-u. Pojechałem po pomoc w koszulce wydziału lekarskiego. Mimo to zostałem dość niefajnie potraktowany przez doktora.

To znaczy?

„Ależ nic ci nie jest, będziesz żył, idź już sobie". Oczywiście potem noga spuchła. Konieczna była operacja.

Czyli w sumie został pan potraktowany jak przeciętny pacjent.

Jak przeciętny pacjent? No tak.

* * *

LEKARKA W TRAKCIE ROBIENIA SPECJALIZACJI Z MEDYCYNY RODZINNEJ:

Wszyscy mnie pytają: „Dlaczego pani w ogóle pomyślała o medycynie. Co się stało, że w tę stronę pani poszła?". W sumie to pytanie jest trudne. Myślę, że jakoś zawsze medycyna mnie pociągała. W liceum poszłam do hospicjum jako wolontariuszka. Przez całą szkołę średnią chodziłam do Warszawskiego Hospicjum Społecznego na Żoliborzu. Właśnie tam poznałam bardzo szlachetnych lekarzy i się upewniłam, że to jest to, co chciałabym robić. W hospicjum wszyscy mają podejście do pacjenta jak do człowieka, poznaje się jego potrzeby. Bo w leczeniu nie chodzi tylko o sprawy czysto medyczne, ale także o jakość życia. Żeby człowiek żył godnie, po ludzku. Tam wszystko jest konsultowane z pacjentem i pacjent jest bardzo ważny w całym procesie diagnostycznym.

A potem? Potem poszłam na studia. Na studiach nic się nie zmieniło – ciągle miałam pewność, że chcę być lekarzem. Natomiast same studia mnie trochę rozczarowały. Miałam te swoje piękne doświadczenia z hospicjum. Tymczasem, gdy przyszłam na uczelnię...

Tam już na samym początku, podczas pierwszych praktyk w klinice, spotkałam się z potworną znieczulicą. Z hospicjum zapamiętałam indywidualne podejście do pacjenta. Na studiach obserwowałam coś zupełnie innego. Traktowanie pacjenta jako przedmiotu, a nie jako żywej istoty, człowieka. Teraz zrozumiałam to podejście. Wcześniej myślałam, co za lekarze, co za gbury i buraki tu pracują, a teraz, jak widzę moich znajomych lekarzy, którzy stali się tacy sami, rozumiem, że czasami nie da się inaczej. Dlaczego? Szpital to jest masówka.

Mieliśmy profesora. Prowadził z nami zajęcia. Prezentował na nich taką ideę, że do pacjenta trzeba podchodzić jak do człowieka, że pacjent jest najważniejszy, że to jest bardzo ważne. Pewnego dnia postanowił nas tego nauczyć. Jak? Przeprowadzi modelową rozmowę z pacjentem. No i wyszło szydło z worka. Profesor chyba nie miał zbyt dużego doświadczenia w kontaktach z pacjentami i ludźmi w ogóle. W czasie modelowej rozmowy starał się bardzo. Natomiast, niestety, był – mimo starań – wyjątkowo niemiły. Traktował tego nieszczęsnego człowieka jak głupka, wywyższał się przy nim, używał skomplikowanych terminów medycznych, których pacjent absolutnie nie był w stanie zrozumieć. Pamiętam ten przypadek medyczny. Pacjent trochę na własne życzenie znalazł się w szpitalu. Nie przestrzegał zaleceń lekarskich – gdyby się do nich stosował, stan zdrowia by się nie pogorszył. Pan profesor powinien mu wytłumaczyć, czym to skutkuje, i uświadomić mu, żeby zaczął przestrzegać zaleceń, bo inaczej będzie niedobrze. No ale pan profesor był poirytowany sytuacją – bo jak taki zwykły człowiek ma czelność nie wykonywać poleceń lekarzy. No więc ta modelowa rozmowa sprowadzała się do poniżania pacjenta i komentarza: „Skoro pan tak zrobił, to czego się pan spodziewał? Wiadomo było, że tak się to skończy, sam pan jest sobie winny". Powiem tak – w czasie tej modelowej rozmowy z tym pacjentem my się wstydziliśmy za naszego profesora.

A na przykład obchód. Grupa ludzi chodzi od łóżka do łóżka: „Jak się pan czuje? Dobrze? Wypiszemy leki. To idziemy dalej!". Ktoś chce z pacjentem porozmawiać? Nikt, bo po co? Żeby pacjent zrozumiał, co się z nim dzieje? E, tam! To się działo na moich oczach. Pamiętam te obchody jakby, to było wczoraj.

– – – – – – –

W Polsce działa około 800 szpitali, a w nich jest około 220 tysięcy łóżek szpitalnych, co daje blisko sześć łóżek szpitalnych na tysiąc mieszkańców. Jest to jeden z najwyższych wskaźników w Europie.

W Polsce funkcjonuje także 198 sanatoriów, 52 szpitale uzdrowiskowe oraz 1800 obiektów opieki długoterminowej, co daje 172 tysiące łóżek w tych obiektach. Są to obiekty dużo tańsze, świadczące często bardzo dobrej jakości usługi ochrony zdrowia i także czekające na możliwość wykorzystania ich potencjału w pełnym zakresie. Doba pobytu w tego typu obiektach kosztuje system od 100 złotych, podczas gdy w szpitalu od 300 do 500 złotych.

Turystyka medyczna rozwija się w Europie Środkowo-Wschodniej w tempie 12–15 procent rocznie. Do Polski już teraz przyjeżdża niemal 400 tysięcy pacjentów zagranicznych rocznie (zarówno z krajów zachodnich, jak i wschodnich). Są to jednak głównie kuracjusze klinik dentystycznych, uzdrowisk, Medical SPA i ośrodków opieki długoterminowej. Potencjał jest dużo większy, zwłaszcza jeśli chodzi o medycynę specjalistyczną, to jest: operacje plastyczne, leczenie otyłości, kardiologię, ortopedię, onkologię i okulistykę.

Źródło: PricewaterhouseCoopers,
Trendy w polskiej ochronie zdrowia 2017

* * *

REZYDENTKA CHIRURGII:

Co to są szpilki? Proszę pana, o tym legendy krążą. Z anatomii oprócz testów teoretycznych, które są zazwyczaj bardzo trudne, są tak zwane szpilki. Przychodzimy do prosektorium, jest na przykład dziesięć stołów, na każdym stole są dwie szpilki, czyli dwie igły wbite w jakąś strukturę anatomiczną, i na każdą szpilkę ma pan trzydzieści sekund, żeby napisać łacińską i polską nazwę. Jak kończył się czas, włączał się taki sygnał dźwiękowy i później, gdy z kolegami słyszeliśmy gdzieś podobny dźwięk, niektórzy nawet wpadali w panikę, stres: „Boże, Boże, szpilki!". Nasi asystenci byli bardzo wymagający i niejednokrotnie dochodziło do przykrych sytuacji. Nabijali się z nas, byli ironiczni. Mam wrażenie, że starali się nas jak najbardziej zgnębić. Ale myślę, że miało to sens. Chodziło o to, by nas nauczyć pokory. Nie było to gnębienie, żeby gnębić, tylko żeby pokazać, że człowiek nawet jak jest przekonany, że już wszystko wie, to nie wie bardzo wielu rzeczy.

Lekarzowi się to przydaje później w praktyce. Jeśli nie ma się takiego podejścia do sprawy, to można pewne rzeczy przeoczyć, pewnych nie zauważyć, a wtedy są poważne konsekwencje.

Często zajęcia na pierwszych latach studiów wyglądały tak, że siedzieliśmy dwie godziny i byliśmy wszyscy odpytywani. Ostatnie piętnaście minut zajęć wiązało się z tym, że asystenci wyjaśniali, o co chodzi w tym temacie. Nazwy anatomiczne to jest naprawdę rzecz dość trudna do zapamiętania. Testy były koszmarnie trudne – prawdą jest czy nieprawdą, że jakiś nerw nie leży przyśrodkowo do jakiejś tam tętnicy. I tak kilkadziesiąt razy – prawdą jest czy nieprawdą, że... W pewnym momencie człowiek już w ogóle nie wiedział, jak się nazywa.

Na drugim roku studiów przychodzę do moich dziadków. Dziadek mówi: „Wiesz co, boli mnie brzuch, możesz mi powiedzieć, co może mi być?". A ja sobie myślę: „Kurczę, mogę ci powiedzieć, co masz w tym brzuchu, ale co ci jest, to nie". Ludzie nie rozumieli, że ja będąc na studiach medycznych, nie jestem jeszcze lekarzem i nie mam żadnego pojęcia o wielu rzeczach.

* * *

STUDENTKA VI ROKU MEDYCYNY:

Ile osób jest z panią na roku?

Trzysta pięćdziesiąt.

Będziemy mieli trzystu pięćdziesięciu nowych lekarzy tylko z pani uczelni?

No tak. Najpierw skończymy szósty rok. Potem pójdziemy na roczny staż, zdamy egzamin lekarski i dopiero wtedy będzie trzystu pięćdziesięciu nowych lekarzy. Ale będzie, bo stąd trudno wylecieć.

Bo Ministerstwo Zdrowia płaci za studenta?

Tak, student się opłaca. Ten stacjonarny, bo płaci za niego ministerstwo, ten niestacjonarny, bo płaci za siebie sam. Dużo studentów, dużo pieniędzy.

Przymykają więc oko na to, czy się nauczycie, czy nie?

Raczej dają dużo szans. Można zdawać, zdawać, zdawać, aż się zda. Ostatnio kolega ściągał na egzaminie. Chwalił się potem, że ściągnął i ma piątkę. On również skończy studia. Jak zostanie lekarzem, to raczej nie poślę do niego nikogo ze znajomych.

Proszę opowiedzieć o studiach. Jakie są?

Ciekawe, ale odrealnione. Mały kontakt z pacjentem. Umiem szyć rany, umiem zdejmować szwy itd. Ale nie nauczyłam się tego na medycynie. Przed medycyną byłam rok na ratownictwie medycznym. Medycyna słabo przygotowuje do pracy. Pokażę coś panu.

Co to?

Arkusz zaliczeniowy z ginekologii. Z lewej strony kartki wypisane są czynności, które powinnam była wykonać, z prawej pieczątka. O tutaj…

„Posługuje się podstawowymi narzędziami chirurgicznymi". Pieczątka, zaliczenie, gratuluję pani.

Właśnie, problem w tym, że ja nigdy w życiu nie trzymałam w rękach „podstawowych narzędzi chirurgicznych" na ginekologii. To nierealne, żebym ich dotknęła. Za mało czasu, za dużo ludzi.

No i kolejna sprawa. Cynizm. Opowiem na przykładzie. Ćwiczenia z doświadczonym lekarzem. Pytanie: „Na SOR trafia pacjent z kolką. Co robicie?". No nie wiadomo, czy to kolka od nerek, czy od woreczka żółciowego. Jak to sprawdzić? Ktoś mówi: „USG". Lekarz się śmieje: „USG? Lek rozkurczowy i tyle, kolka przechodzi". No tak, tylko że pacjent nic nie wie i lekarz nic nie wie o przyczynach tej kolki. „Można by jednak USG. Dowiedzielibyśmy się, co pacjentowi jest" – ktoś z nas protestuje nieśmiało. Lekarz: „I kto wam za to USG zapłaci? Z jakiej racji to USG!". Z takiej racji, że USG to powinien być standard! Pomyślałam o swojej matce, starszej pani z niewielkiego miasta. Trafia na SOR z bólem, dostaje lek rozkurczowy i do domu. Potem idzie do lekarza rodzinnego, który zleca jej badania, bo przecież nie wie, z jakiego powodu ta kolka. Więc mówię lekarzowi prowadzącemu zajęcia: „Może jednak USG zrobić z dobrej woli". Pan doktor nagle robi się bardzo nieprzyjemny. Podnosi głos, niemal krzyczy: „Zobaczymy, jak pani pójdzie do pracy. Zobaczymy dobrą wolę o czwartej nad ranem, kiedy pani będzie przyjmowała dwudziestego piątego pacjenta na SOR-ze. Zobaczymy, jak długo będzie się pani chciało robić te USG, za które nikt pani nie zapłaci". Smutny, rozgoryczony człowiek. Gbur.

Zauważyłam, że z czasem pacjent staje się „numerkiem". Wyszedł 15, zaraz wejdzie 16, po nim 17. Ilu tam jeszcze dzisiaj mamy? Powołanie traci się podobno dość szybko. Na studiach mówią nam: „Nie da się zjeść powołania".

A co to jest powołanie?

W sumie trudno powiedzieć.

Niesienie pomocy ludziom? Stawianie człowieka na pierwszym miejscu?

Tylko czy chęć zarabiania normalnych pieniędzy jakoś temu powołaniu szkodzi?

Lekarze są biedni?

Nigdy nie powiem, że zarabiają mało. Moi rodzice, większość ludzi, których znam, zarabiają jeszcze mniej. W sumie to wstyd mówić, że lekarze są biedni. Lekarze są częścią społeczeństwa, a społeczeństwo jest biedne. Ale środowisko zgubiła chyba chęć zysku. Skoro system nie płaci, to i tak sobie poradzimy. Będziemy harować, ale będziemy godnie zarabiać. Nie damy się stłamsić. I mamy prosty efekt – lekarze kiedyś stali na piedestale, teraz to rzemiosło. Sposób na zarabianie pieniędzy. Sami się z tego piedestału strąciliśmy, a mamy pretensje, że traktują nas jak rzemieślników.

PRZYSIĘGA HIPOKRATESA

(Fragment)

(...) Nikomu, nawet na żądanie, nie dam śmiercionośnej trucizny, ani nikomu nie będę jej doradzał, podobnie też nie dam nigdy niewieście środka poronnego.

W czystości i niewinności zachowam życie swoje i sztukę swoją. (...)

Do jakiegokolwiek wejdę domu, wejdę doń dla pożytku chorych, nie po to, żeby świadomie wyrządzać krzywdę lub szkodzić w inny sposób, wolny od pożądań zmysłowych tak wobec niewiast jak i mężczyzn, wobec wolnych i niewolników.

Cokolwiek bym podczas leczenia, czy poza nim, z życia ludzkiego ujrzał, czy usłyszał, czego nie należy na zewnątrz rozgłaszać, będę milczał, zachowując to w tajemnicy.

Jeżeli dochowam tej przysięgi i nie złamię jej, obym osiągnął pomyślność w życiu i pełnieniu tej sztuki, ciesząc się uznaniem ludzi po wszystkie czasy; jeżeli ją przekroczę i złamię, niech mnie los przeciwny dotknie.

* * *

PSYCHIATRA:

Na studiach nie uczą nas o pacjencie, ale o jego budowie. Człowiek jest dla nas jak silnik samochodowy. Składa się z jakichś części. Te części pracują albo się psują. Jak się zaczynają psuć, to można je naprawić albo wymienić. I na tym polega nasza rola. Mamy naprawiać silnik. I stąd bierze się wszystko. No bo czy ktoś przy zdrowych zmysłach zastanawia się, co czuje silnik?

Albo usiłuje rozmawiać z silnikiem, tłumaczyć mu, co się w nim psuje, jak będzie naprawiany? To przecież byłoby jakieś szaleństwo! No więc tak samo nie rozmawiamy z pacjentami, jak nie rozmawiamy ze swoimi samochodami. Oczywiście to rodzi niebywałe konsekwencje. Pacjent miał kilka zawałów. W ramach terapii dostał lekarstwa obniżające ciśnienie. Nagle trafia do psychiatry ze stanami lękowymi. Nie chce brać tych lekarstw na obniżenie ciśnienia. Nie chce się leczyć. Po długich rozmowach okazuje się, że pacjent się boi, bo kiedy bierze lek, czuje, że serce wolniej bije. Boi się, że serce nagle się zatrzyma, że umrze. Dlaczego? Nikt mu nie wytłumaczył, że ten lek uchroni go przed zawałem i że nie ma nic groźnego, niebezpiecznego w wolniejszym biciu serca.

* * *

MŁODY LEKARZ
Z MIASTA POWIATOWEGO:

To prawda, że my na studiach uczymy się o pacjencie jak o silniku. Potem trafia się na front, czyli do jakiejś poradni. I na początek trzeba rozmawiać. Ale jak? Co robić? Bo rozmawianie z pacjentem to sztuka. Zejście do jego poziomu to jest coś, czego trzeba się długo uczyć. (*śmiech*) Każdy człowiek jest inny, więc jedni chcą tylko porady, krótko i wyjść. Są tacy, którzy chętnie by pogadali. Jednych krępuje, że muszą się rozebrać. Inni wręcz przeciwnie. Najczęściej rwą się starsze panie; te, co mają osiemnaście lat, nie są tak chętne.

* * *

CHIRURG:

Nie ma nic gorszego niż zajęcia z medycyny sądowej, kiedy się widzi pierwszy raz dopiero co zmarłą osobę. A na sądówce oglądamy ciągle powieszenia, wypadki. Widzi się tego zmarłego takim, jakim on jest po śmierci. Sala prosektoryjna. Trudno zapomnieć pierwsze wrażenie. I zapach jest tam okropny, okropny naprawdę. Leży sobie dziewczyna. Jeszcze w ubraniu, miała skórzaną kurtkę. Teraz szczegół: kolor paznokci taki sam jak mój. Młodsza ode mnie ledwie o rok, zginęła w wypadku motocyklowym. Nie miała szans na przeżycie. Pierwszy raz człowiek widzi, jak niewiele po nas zostaje po śmierci.

Paradoksalnie ciało z zewnątrz wyglądało całkiem dobrze. Nie miała obrażeń zewnętrznych, otarć skóry. Jej ciało uderzyło dużą powierzchnią o asfalt. W środku doszło do licznych przemieszczeń, rozerwań narządów. Ona miała pokawałkowane nerki, wątrobę – w środku mielonka. Rozbieramy ją na części, bo trzeba orzec o przyczynie śmierci. To nie była śmierć z przyczyn naturalnych, więc zawsze wtedy prokurator żąda sekcji zwłok, żeby mieć pewność, że na przykład zginęła w wypadku, a nie w wyniku działania osób trzecich. Nie umiem nawet tego opisać, ale to było takie doświadczenie, które przekracza granice wytrzymałości normalnego człowieka. Człowiek z ulicy nie musi tego widzieć, nie musi nawet myśleć o tym, a my uczymy się kawałkować ciało w szkole. Musimy przy tym myśleć, odpowiadać na pytania, rozważać różne opcje, dlaczego doszło do takiego, a nie innego urazu.

Samobójcy przerażali mnie szczególnie. Ludziom, którzy popełniają samobójstwo, wydaje się, że to jest takie doniosłe, ważne, że zmieni świat. A my dostajemy jego ciało na sądówce. Kroimy go i wiemy, że ta śmierć nie zmieniła dokładnie niczego.

* * *

LEKARKA RODZINNA:

Studia? Czy one przygotowują do normalnej pracy? Nie do końca. Dam przykład. Na studiach zwraca się uwagę na mnóstwo szczegółów. Uczą nas na przykład rozpoznawania jakichś rzadkich chorób, których pewnie nie spotkamy do końca życia. A zamiast wałkowania egzotycznych przypadków, może lepiej wałkować przypadki przeciętne, zwykłe, takie, z którymi będziemy stykali się codziennie. Na praktykach też tego nie uczą. W Warszawie oddziały są przeładowane, lekarze są wypaleni, mają realnie dość studentów, traktują ich jak ogon, zło konieczne. Tak więc gdy trafiasz do pracy, już pierwszego dnia wylewa ci się na głowę kubeł zimnej wody. Zostajesz sam i dopiero zaczynasz się naprawdę uczyć. Nagle cała odpowiedzialność spoczywa na twoich barkach i musisz sam podejmować decyzje. Pierwszy rok pracy to ciągłe wertowanie książek i wyłapywanie rzeczy, które są potrzebne pod kątem praktyki codziennej.

Życie brutalnie weryfikuje naszą wiedzę z akademii. Na przykład na studiach uczymy się tysiąca leków i ich nazw międzynarodowych. A w życiu ma to małe znaczenie, bo pacjentowi trzeba wypisać konkretne handlowe nazwy leków na konkretną chorobę. Albo badania. Według podręczników i wiedzy ze studiów mam zlecić na przykład dziesięć badań, żeby zdiagnozować chorobę. A jakie są realia? W praktyce lekarza rodzinnego mogę wykorzystać dwa z nich. Jeśli zaordynuję więcej badań, panie z rejestracji będą patrzyły na mnie jak na wariatkę, a szefowa POZ wezwie mnie do siebie i zapyta, czy wszystko w porządku z moją głową. Bo studia to jedno, a życie to drugie. W życiu ważne jest to, za co płaci NFZ i ile dostaje się za dyżur w przychodni.

* * *

REZYDENTKA CHIRURGII:

Studia są bardzo skoncentrowane na teorii. Przekonałam się o tym, dopiero jak zaczęłam pracę. Okazało się na przykład, że z pediatrii potrafię wymienić mnóstwo zespołów wad genetycznych. Jakiś zespół Cornelii de Lange i jego cechy charakterystyczne. I tak dalej. Za to nie potrafię leczyć zapalenia płuc u dziecka. Zawsze nam powtarzali: „Leczenia to wy się jeszcze nauczycie w praktyce".

Poza tym od początku przestrzegano nas, że będziemy mieli dużo problemów z dostaniem się na wymarzone specjalizacje. I w ogóle możemy sobie odłożyć na półeczkę te nasze marzenia. Jeśli ktoś chce być chirurgiem, to na pewno wyląduje na pediatrii, a jak pediatrą, to będzie chirurgiem. I mieli rację, bo system jest głupi. Nigdy nie wiadomo, czy w danym roku będą trzy rezydentury na chirurgię czy trzydzieści trzy. W zależności od tego, na co się trafi, tam się idzie. Nie chcieliśmy się tak łatwo poddawać, więc kombinowaliśmy.

Zapisywaliśmy się na jakieś koła naukowe, żeby występować na konferencjach studenckich, żeby mieć publikacje, które potem będą jakimś tam bonusem. Ja chciałam być okulistą. Wiedziałam, że gdybym zaczęła pisać doktorat z okulistyki, to mogłabym z doktoratu zrobić specjalizację. No a rozmawia pan teraz z rezydentką chirurgii.

Dlaczego nie okulistyki?

Okulistyka to jest w ogóle bardzo specyficzna działka. Szalenie ciężko dostać się na tę specjalizację. Ja bardzo chciałam zajmować się operatywą. Ale do tego trzeba mieć opiekuna, który będzie chciał uczyć operatywy. Nie jest wcale powiedziane, że każdy okulista musi operować na co dzień. No i wiadomo, że jest dużo prywatnych gabinetów okulistycznych. Świetnie prosperują, bo ludzie, którzy na przykład mają zaćmę, nie będą czekać miesiącami na zabieg w państwowym szpitalu, bo jak długo można chodzić z zaćmą i nic nie widzieć. Idą do prywatnego gabinetu i zabieg mają od ręki. Dla ludzi wzrok jest bardzo ważny, więc im więcej okulistów, tym mniej można zarobić. Stąd kłopoty, żeby się dostać do tego ekskluzywnego cechu.

Czyli okuliści nie chcą sobie wychowywać konkurencji. Po co im nowa specjalistka, która będzie operowała zaćmy?

Tak to wygląda, a przynajmniej tak to wyglądało u mnie na uczelni. Akurat profesor, która wtedy szefowała klinice okulistycznej, nie chciała studentom udostępniać ani historii chorób, ani pacjentów. Uważała, że my jeszcze nie dorastamy do tego etapu rozwoju, żeby w ogóle móc uczestniczyć w leczeniu, uczyć się.

Było to przykre. I w ten sposób wyleczyli mnie z okulistyki. Spotkałam kiedyś pewną panią doktor. Opowiadała, że zaczynała swoją specjalizację w Katowicach, przez cztery lata pracowała w ramach wolontariatu. Bo miejsca nie było żadnego. Nie przez rok, dwa, ale przez cztery lata z rzędu ani jednego miejsca. Zero miejsc na specjalizację, na rezydenturę. Na sam koniec specjalizacji dostała się w Krakowie. Wreszcie po czterech latach pracy za darmo ktoś jej zapłacił! System jednak bronił się, jak mógł. Przydzielili ją do poradni okulistycznej. Wypisywała tylko okulary. Niczego rozwijającego się nie uczyła. Tak więc doszłam do wniosku, że nie dam rady tego przewalczyć. Dałam sobie spokój.

* * *

LEKARZ ORTOPEDA:

Ja uważam, że studia marnie przygotowują do pracy lekarza. One najwyżej uczą tego, jak się uczyć. Do ortopedii nie są w stanie przygotować. Blok zajęć z ortopedii trwa zaledwie dwa tygodnie. Wystarcza na minimalne podstawy – szycie, zachowanie na bloku operacyjnym.

* * *

CÓRKA LEKARZY:

Byłam świadkiem życia i pracy moich rodziców, pewnie dlatego nigdy nie marzyłam o medycynie. Oglądałam ich świat. Jak żyją, jacy są ich znajomi, też lekarze. Doszłam do wniosku, że medycyna jest czymś w rodzaju technicznej szkoły zawodowej. To nie są ludzie empatyczni. To są ludzie automatyczni. Wyćwiczeni w konkretnych czynnościach. Pamiętam bibliotekę w naszym domu. Były tam książki medyczne – o budowie anatomicznej, o jednostkach chorobowych. A obok stały książki o naprawie Moskwicza. Ojciec był wielbicielem tej marki. Ciągle kupował sobie kolejne, nowe modele. Od rana do popołudnia naprawiał ludzi, a potem schodził do garażu i naprawiał moskwicza. To drugie robił z większym zaangażowaniem, z większą przyjemnością. Jednak obydwa zajęcia, moskwicz i pacjenci, należały do tego samego – mechanicznego – rodzaju.

Mama była dentystką. Z ojcem pracowali razem w wiejskim ośrodku zdrowia. Kiedyś przyjechała do niej koleżanka z dużego miasta: „Jak możesz patrzeć w te śmierdzące gęby tych wieśniaków?". To było na granicy pogardy. No tak, i jeszcze przerażająca codzienność. W nocy ktoś dzwoni do drzwi. Stoi przed drzwiami przerażony człowiek. Odcięty palec albo i cała ręka, pełno krwi. I spokój ojca: „Proszę poczekać na dole. Zaraz zejdę". Powolne ubieranie się. Szukanie okularów. To tylko palec albo ręka. Od tego się raczej nie umiera, a jak się umiera, to przecież jutro w nocy znowu ktoś przyjdzie. To zupełnie inna perspektywa. Komuś wydarzyła się potworna tragedia. Dla moich rodziców była to kolejna zarwana noc. Coś niedogodnego, wpisanego w ich zawód. Widziałam automatyzm także u ich kolegów. Często bawiłam się w gabinecie dentystycznym mamy. Piętro wyżej była chirurgia. Przed operacją przychodzili do niej chirurdzy: „Cześć!", „Cześć!". Bez pukania, mimo że na fotelu siedział pacjent z otwartą buzią. Nawet nie pytali: „Można, nie można?", tylko szli do szafy i nalewali sobie spirytus do szklanki. Pili duszkiem i maszerowali operować. Matka używała tego spirytusu między innymi do odkażania narzędzi. Pamiętam, jak jeden lekarz przyszedł, nalał spirytus do szklanki, dolał trochę soku malinowego, wziął odłożone właśnie przez matkę zakrwawione kleszcze, którymi przed sekundą wyrwała pacjentowi ząb, zamieszał tymi kleszczami sok ze spirytusem. Wypił i poszedł.

* * *

STUDENTKA MEDYCYNY NIESTACJONARNEJ:

Nie dostałam się na medycynę. Studiowałam ratownictwo medyczne. Ale chciałam być lekarzem. Mogłam iść na studia niestacjonarne, które są dokładnie takie same jak stacjonarne, tylko że płatne. Rodziców nie było stać, mnie nie było stać. Brat, informatyk, zarobił pieniądze. „Moja siostrzyczka jest zdolna, będzie lekarzem" – mówił. I zapłacił czesne. Dlatego mogę tu być. To jest wysiłek całej mojej rodziny. Powód do dumy. Trudne studia, ale muszę wytrzymać.

* * *

LEKARZ Z MAŁEGO MIASTA:

Dla mnie studiowanie medycyny to było marzenie. Jak oblałem anatomię, to musiałem zarobić 7 tysięcy złotych, żeby móc powtórzyć egzamin. Kosmiczne pieniądze, pochodzę z nauczycielskiej rodziny, więc u mnie w domu niebogato. Siedem tysięcy to ze cztery wypłaty mojej mamy. No więc kierunek Anglia, do roboty do McDonalda, sprzątanie, budowlanka. Potem znów zawaliłem anatomię – i znów do roboty. Tym razem w Norwegii. Pracowałem w szklarni, jakieś kwiatki ścinałem, azalie, calandivy, gwiazdy betlejemskie.

Na kolejną poprawkę wyjechałem do Belfastu pracować jako pielęgniarz posiłkowy w domach starców i w szpitalach. Średnia wieku tych dziadków to 98, 100 lat, niektórzy mieli po 106 i po 107. Ledwie zdążyło się ich umyć, nakarmić, i już trzeba było robić rundkę z następnym, podawać im ciasteczko, którego oni w ogóle nie chcą, i herbatkę, którą mają wypić, i której też nie piją. Takie suche, wegetujące warzywa, demencja kompletna. Oni w zasadzie śpią, tylko serce bije.

Zaciąłem się, żeby jednak studia skończyć. Ciągle zdawałem komisy, ciągle z duszą na ramieniu. Byłem wycieńczony fizycznie i psychicznie. Mam 196 centymetrów wzrostu, a waga, w zależności od stopnia stresu, wahała się od 72 do 96 kilogramów. Padałem, chciałem zabierać papiery z uczelni. Mijał tydzień i znów chciałem walczyć, uczyć się. To jest rodzaj uzależnienia, wściekłości – w końcu zdam, dam radę, żeby nie wiem co. To było bardzo destrukcyjne.

* * *

REZYDENTKA CHIRURGII:

Często się słyszy, że ludzie studiujący medycynę powinni oddawać pieniądze państwu za to, że studiowali za darmo, a teraz na przykład wyjeżdżają z kraju. Tylko że nie ma darmowych studiów. Moi rodzice pracowali w oświacie i mieli duży problem z tym, żeby mnie utrzymać na studiach. Na przykład co roku musiałam sobie kupić książki. Bardzo drogie książki. Nawet kopiowanie ich, nie dość że niezgodne z prawem, to na dodatek i tak pochłaniające mnóstwo pieniędzy. No ale nie można się nad sobą użalać! Tyle że wiem, że moich rodziców i moich dziadków dużo kosztowało, żebym skończyła medycynę. To są takie studia, że nie ma szans zarobić. Nauka, nauka, nauka. Na szóstym roku człowiek jest tak zarobiony, że nie wie, jak się nazywa. Trzeba być na zajęciach od ósmej do czternastej, po południu zajęcia dodatkowe typu farmakologia, patomorfologia. Kiedyś trzeba też spać, jeść, uczyć się do egzaminów.

Pewnego razu moja mama poszła do swojego miejsca pracy po zapomogę na dziecko uczące się. W kadrach jedna pani zareagowała z oburzeniem: „Dlaczego ty w ogóle przychodzisz po zapomogę? Przecież ty masz córkę na medycynie?". Wiadomo – jak ktoś jest na medycynie, to na pewno ma pieniądze! Bo doktorzy to bogaci ludzie! Ale skąd mam mieć pieniądze na medycynie? Dorabiać sobie gdzieś jako „prawie lekarz"? To jest jakaś totalna abstrakcja, ale pokazuje, że wiele osób nie wie, jak to wszystko wygląda. I myśli, że ktoś, kto ma szansę zostać lekarzem, dostaje z tego tytułu jakieś profity.

* * *

CZŁONEK SAMORZĄDU
LEKARSKIEGO:

Akademiki, w których mieszka „medycyna", są charakterystyczne. Tam jest cicho. Dopiero w piątek zaczyna się balanga. Często wściekła, szalona. Trwa czasem przez całą sobotę. Ale w niedzielę znów jest cicho.

Leżą na łóżkach podpięci do kroplówek. I znów zaczynają się uczyć.

* * *

LEKARZ STAŻYSTA:

Ojciec jest lekarzem. W sumie to ja się wychowywałem w szpitalu. Jak lekcje kończyły się wcześniej, szedłem do ojca. W gabinecie koczowało się od trzynastej do piętnastej, grając na komputerze czy odrabiając lekcje. Spodobało mi się to miejsce, ta atmosfera. W podstawówce podjąłem decyzję, że będę pomagał ludziom, zostanę lekarzem. Wybierałem szkoły i klasy tak, żeby biologia i chemia były na dobrym poziomie. Żeby mi łatwiej było dostać się na medycynę. To było moje marzenie i postanowienie.

* * *

LEKARKA RODZINNA
Z WARSZAWY:

W Warszawie studenci na praktykach chodzą tabunami. Na obchodzie jest profesor, kilku doktorów, adiunktów i w końcu, w dalekim ogonku, studenci. Tabun. Idą korytarzem, potem wchodzą do sali, żeby posłuchać, jak rozmawia się z pacjentem, żeby się czegoś nauczyć, bo przecież to są praktyki – bardzo ważna część systemu kształcenia. No ale, niestety, część nie może się dopchać do łóżka, bo tabun jest za duży. Część nawet nie słyszy, co się mówi, bo cały tabun nie zmieścił się w sali. Tak samo dużo jest stażystów. Bo każdy chciałby w Warszawie. A ja chciałam się czegoś naprawdę nauczyć. Jak to zrobić? Proste. Wystarczy wsiąść do samochodu i pojechać do najbliższego powiatowego miasteczka pod stolicą. Tam też jest fajny szpital, też leczą tam ludzi. Pół godziny samochodem i zupełnie inny świat. Bez tej dziwnej hierarchii, tych profesorów, tych doktorów. Normalni ludzie. I akurat tam, z dala od profesorów, doktorów i warszawskiego lansu, można się dużo więcej nauczyć praktycznych rzeczy, które będą potrzebne w pracy. Moje doświadczenie konfrontowałam z opowieściami kolegów. Oni narzekali, a ja się chwaliłam, że traktują mnie jak partnera, przyszłego kolegę z pracy, któremu trzeba pomóc, wykształcić. Miałam dużo większą samodzielność i dużo większą pomoc ze strony starszych kolegów. Bardzo dużo się nauczyłam. A koledzy z Warszawy? Ciągnęli się w ogonie za profesorem, a potem odwalali godzinami jakieś papierki.

* * *

CHIRURG
Z 16-LETNIM STAŻEM PRACY:

Już na studiach od drugiego roku wiedziałem, że chcę zostać chirurgiem. Chodziłem na praktyki pielęgniarskie najpierw do szpitala MSWiA. Chodziłem na dyżury nocne. Wracałem do domu, jeszcze wtedy mieszkałem z rodzicami, i mówiłem: „Mamo, nie mogę się doczekać, kiedy będę lekarzem". Nie tylko ja tak miałem. Wszyscy na studiach byli serdeczni, wszyscy chcieli nas uczyć, kiedy widzieli, że ktoś się czymś szczególnie interesuje, pokazywali. A my, studenci, chcieliśmy jeszcze więcej, jeszcze głębiej. Dziś postawa młodzieży jest inna. Pewni siebie. Mają to wszystko w dupie. Pracują od do. Idea? Nawet trudno zauważyć ideę, dla której oni pojawiają się na oddziale. Po prostu chcą się wyszkolić. Iść do pracy i trzaskać kasę. Ich nie interesuje to, jak myśmy pracowali w ich wieku. Tak, oni mają to wszystko w dupie.

Rozdział III

Początek

*Dorabiam jako bramkarz
w klubie muzycznym. Idę na wieczór do klubu,
stoję tam pięć godzin i zarobię tyle co za trzy dni
w szpitalu. No kurczę, sześć lat medycyny!
Chciałem być lekarzem. A zarabiam na bramce.
Jestem też sędzią piłkarskim.*

Lekarz stażysta

DZIENNIK SANITARIUSZA

Poranek. Szefowa: „Ja bardzo pana proszę, żeby pan pomagał przy przekładaniu zwłok. Normalnie powinny być już przełożone na łóżko do transportu, ale czasem zwłoki są duże i pielęgniarki nie mogą sobie poradzić. Przez rękawiczki trzeba ich dotykać. Gołymi rękami nie. No i potem nie zostawiać nigdzie tego wózka. Jechać zaraz na minus dwa do tych chłodni. Żeby to wszystko odbyło się godnie. Ostatnia, rozumie pan, podróż. Ale koniecznie w rękawiczkach!".

– Panowie, skąd się bierze rękawiczki?

– Znajdziesz na każdym oddziale. Musisz sobie po prostu wziąć. Nie powinni cię za to ochrzanić, a jeśli cię ochrzanią, to weźmiesz z innego oddziału. Ważne, żebyś miał rękawiczki. Dotykanie pacjenta i zwłok tylko w rękawiczkach. I często dezynfekuj ręce. Przy wyjściu z oddziału są pojemniki z płynem do dezynfekcji. Napatrzysz się na różne rzeczy. Szybko dezynfekcja wejdzie ci w krew.

Idę na oddział zorganizować rękawiczki. Chyba wyglądam na złodzieja, bo zaraz czepia się mnie pani pielęgniarka:

– Bierzesz rękawiczki? Stąd? Nie macie u siebie rękawiczek? Łażą i zabierają rękawiczki! Sanitariusze!

Czerwienieję. Przepraszam i odchodzę, ale rękawiczki mam już w kieszeni. Brzydziłbym się dotykać zwłok bez rękawiczek. Potem mówią mi, że trafiłem na najgorszą pielęgniarkę. Tylko ona jest taka.

* * *

STAŻYSTKA:

Mój szpital? Przetarte linoleum na podłodze. Lekarze sfrustrowani i pani dyrektor, znajoma posła, która bierze 15 tysięcy miesięcznie i ma szofera wożącego ją do pracy.

Lekarze nie dają rady. Niektórzy się pogodzili, niektórzy stali się bucami. Jeden niemal krzyczy do pacjentki: „Najwyżej wytnę pani całą macicę". Kobieta nie wie, o co chodzi. Na serio wytną? Boi się. Więcej nie pyta. Leży wystraszona, zostawiona sama sobie.

A ja? Ja jestem tylko stażystką. Co robię? Uzupełniam dokumentację medyczną. To, czego starsi koledzy nie wypełnili dzisiaj, wczoraj i przez cały tydzień. Mam się uczyć ginekologii, uczę się papierologii. A lekarz siedzi i puszcza sobie muzykę z komórki albo wynajduje dowcipy w internecie. Jak znajdzie, to opowiada. Jest taki suchar, który zna każdy, kto się otarł o medycynę:

– Co robią lekarze w kuchni?

– Leczo.

Ha, ha, ha. A tego miałam już dość:

– Panie doktorze, czym się różni jogurt od mężczyzny?

– Czym?

– Jogurt ma kulturę.

W szpitalu są dwie windy. Nowoczesna i taka stara z „panią windową". Jedziemy z pacjentką z bloku operacyjnego. Pacjentka się przewróciła, uderzyła się w brzuch, najadła proszków przeciwbólowych. Operacja się udała, ale widzę, że kobieta jakaś blada. Nagle zamieszanie. Inny pacjent nakłamał w czasie wywiadu. Przemilczał, że brał antybiotyki. W każdym razie nastąpił u niego skurcz oskrzeli. Dusi się na korytarzu. Wszyscy rzucają się go ratować. Zostajemy sami – ja, lekarz i pielęgniarki przy pani po operacji.

– Panie doktorze, dlaczego ona ma taką bladą skórę? – pytam.

Podejrzewam, że to jakiś krwotok wewnętrzny. Trzeba na intensywną terapię. My na parterze, intensywna terapia na piątym piętrze. Winda nie nadjeżdża. Na tej nowoczesnej wisi napis „Dźwig w remoncie". A drugiej nie ma.

– „Pani windowa" pewnie gdzieś wyszła – mówi doktor. – Spokojnie, przyjedzie, przyjedzie!

Lekarz z pielęgniarkami hi, hi, ha, ha. A ja w panice zapieprzam po schodach w poszukiwaniu pani od wind. Znajduję ją. Zjeżdżamy na parter. Wieziemy pacjentkę na intensywną. Uratowałam komuś życie? Może, ale nie robi to na nikim wrażenia.

* * *

ANESTEZJOLOG:

Na stażu jest pierwsze zderzenie z rzeczywistością. Pensja 2000 złotych brutto. Więc ja i salowa zarabiamy tyle samo. W dużym mieście nie da się wyżyć za 1400–1600 złotych na rękę, jeśli nie mieszka się razem z rodzicami. Nie ma co narzekać, bo każdy ze starszych kolegów odpowie kpiną: „Skończyliście studia, to uważacie, że wam się należy? Najniższa krajowa wam się należy".

Stażyści powinni się uczyć, ale generalnie używani są do zatykania dziur w szpitalach. Najcięższa praca jest na izbach przyjęć, gdzie nikt nie chce pracować. To jest niewdzięczne zajęcie. Ludzie są wściekli, czekają parę godzin, mogą napyskować. Pięćdziesięciu pacjentów w kolejce? Trzeba ich posegregować? To posyłamy tam stażystę.

* * *

REZYDENTKA CHIRURGII:

Skończyłam studia i myślałam, czy nie robić stażu w Krakowie. Ale tam ceny wynajmu mieszkań i utrzymania były bardzo wygórowane, natomiast moja pensja rezydencka wynosiła w sumie 1800 złotych z dyżurami. Około tysiąca złotych musiałabym prawdopodobnie zapłacić za wynajem mieszkania, 800 złotych zostałoby na utrzymanie. Byłoby ciężko. Nie chciałam w dalszym ciągu obciążać rodziców, moja mama była już wtedy na emeryturze, tata dalej pracował jako nauczyciel. Oni byli wykończeni finansowo moimi studiami.

* * *

STAŻYSTKA:

Chcę być anestezjologiem. Czasem zastanawiam się, jak będzie wyglądała moja praca w Polsce. I wiem, że będę pracowała przeważnie na kontraktach, to znaczy, że będę jeździła od szpitala do szpitala. Tak jak moi starsi koledzy – praca ponad siły, przemęczenie. Ponadto będę musiała zarejestrować jednoosobową firmę. To wiąże się ze strachem przed popełnieniem błędu. Pięknie, kiedy ma się normalny etat w szpitalu. Wówczas szpital ponosi odpowiedzialność, jeśli coś złego się stanie. Natomiast, gdy jesteś jednoosobową firmą, zostajesz z problemem sam. Oczywiście jesteś ubezpieczony, ale jednak nikt za tobą nie stoi.

Będę niedouczona. Dlaczego? Na stażu nie pozwolono mi nawet przećwiczyć znieczulenia podpajęczynówkowego. Kto pracujący na kontrakcie zaryzykuje jakieś powikłania, żeby nauczyć stażystę? Kontrakty, jednoosobowe działalności to jest oszukiwanie ZUS-u. ZUS zabiera tyle pieniędzy, że nie opłaca się zatrudniać ludzi na etatach.

Kiedy złożę te wszystkie elementy, zaczynam dochodzić do wniosku, że najbardziej racjonalnym rozwiązaniem będzie emigracja. Myślę, czy nie wyjechać do Niemiec. Pochodzę ze Szczecina. Nic mnie tu nie wiąże, nie mam rodziny, nie mam chłopaka, narzeczonego, męża. Może tam zrobię specjalizację, która trwa rok krócej niż w Polsce? Robię wszystko, co mogę, żeby nie emigrować, ale coraz częściej dochodzę do wniosku, że być może lepiej będzie jednak wyjechać.

* * *

REZYDENT ANESTEZJOLOGII:

Anestezjologia jest już sprywatyzowana. Dyrektorom szpitali jest wygodniej, bo unika się tych wszystkich obciążeń fiskalnych i można lekarzowi zapłacić więcej. Zamiast dawać doświadczonemu lekarzowi 12 tysięcy złotych brutto, można mu równie dobrze dać 16 tysięcy złotych na kontrakcie, a przy tym nie narażać się na kłopoty związane z przyjmowaniem na etat. Problem w tym, że lekarz, który jest na kontrakcie, nie pozwala rezydentowi dotknąć pacjenta. Boi się, że w razie powikłań będą kłopoty z ubezpieczeniem. Gdy więc anestezjologia również w moim szpitalu została sprywatyzowana, zauważyłem duży stres wśród kolegów: lubią mnie, chcieli mi nawet dać coś do zrobienia, ale boją się. Jestem doświadczonym rezydentem, zrobiłem ponad dwa tysiące znieczuleń, ale boją się mojej pomyłki. Kto zaufa stażyście?

* * *

STAŻYSTA:

Spotykamy się w dużym mieście na wschodzie Polski. Zaprasza mnie do małego, ale nowocześnie urządzonego mieszkania w świeżo oddanym do użytku apartamentowcu.

Ładnie tu u pana.

Tak? Dziękuję. To może uprzedzę dalsze pytania. Mieszkanie kupili mi rodzice. Nie byłoby mnie na to stać. Wie pan, ile zarabiam? Tysiąc dziewięćset dziewięćdziesiąt siedem złotych brutto. W teorii stażyści zarabiają dwa tysiące siedem, ale przecież mamy potrącane obowiązkowe składki na izbę lekarską, czyli nasz samorząd. Nie możemy z tego zrezygnować. A więc zarabiamy poniżej minimalnej pensji krajowej, która wynosi 2 tysiące złotych.

Pan uważa, że to nie jest sprawiedliwe, prawda?

Ja nie wiem, czy to jest sprawiedliwe, czy niesprawiedliwe. Wielu ludzi w tym kraju pracuje za minimalną krajową.

Ale...

Ale to po to człowiek sześć lat rąbał wiedzę na studiach, żeby ludzkie życie ratować? Potem na dzień dobry dostaje 2 tysiące złotych brutto? Problem w tym, że stażysta nie może nigdzie dorobić. Jedyne, co może, to pociągnąć jeden płatny dyżur w tygodniu. Jesteśmy ustawowo zobowiązani, żeby pracować w tych niewolniczych warunkach.

Jak pan sobie radzi?

(*śmiech*) Dorabiam jako bramkarz w klubie muzycznym. Idę na wieczór do klubu, stoję tam pięć godzin i zarobię tyle co za trzy dni w szpitalu. No kurczę, sześć lat medycyny! Chciałem być lekarzem. A zarabiam na bramce. Jestem też sędzią piłkarskim. No ale umówmy się, odpowiedzialność za to, że gwizdnę spalony nie w tym momencie co trzeba, a odpowiedzialność za to, że komuś podam nie ten lek co trzeba – no jest różnica.

ROZPORZĄDZENIE MINISTRA ZDROWIA
Z 26 WRZEŚNIA 2012 ROKU
W SPRAWIE STAŻU PODYPLOMOWEGO LEKARZA
I LEKARZA DENTYSTY (*fragmenty*)

Staż podyplomowy, zwany dalej „stażem", obejmuje pogłębienie wiedzy teoretycznej oraz praktycznej nauki udzielania świadczeń zdrowotnych (...) w dziedzinach: chorób wewnętrznych, pediatrii, w tym neonatologii, chirurgii ogólnej, w tym chirurgii urazowej, położnictwa i ginekologii, psychiatrii, anestezjologii i intensywnej terapii, medycyny ratunkowej oraz w dziedzinie medycyny rodzinnej w warunkach stacjonarnej, ambulatoryjnej i domowej opieki zdrowotnej;

(…) Staż lekarza trwa 13 miesięcy.

(…) kończy się złożeniem kolokwium z zakresu wiedzy teoretycznej i umiejętności określonych odpowiednio ramowym programem tego stażu, w terminie przewidzianym w indywidualnym harmonogramie realizacji stażu.

* * *

STAŻYSTA (CD.):

Wie pan, czytałem rozporządzenie ministra zdrowia na temat stażu lekarskiego. Na pierwszy rzut oka wszystko jest logiczne. Przez trzynaście miesięcy stażysta dostaje mało pieniędzy, ale pod okiem fachowców nabywa praktykę. Ma koordynatora, opiekunów, kolokwia. Stażysta dotyka prawdziwej medycyny.

Musi pan pamiętać, że w zasadzie na studiach nie wolno nam pacjenta dotknąć inaczej, niż posłuchać, opukać. Nic więcej, bo nie możemy naruszyć ciągłości tkanek, narażać na żadne niebezpieczeństwo. Czyli studia nie uczą praktyki. Praktyki powinniśmy uczyć się na stażu. To taki czas, kiedy nie jesteśmy już studentami, ale tak do końca nie jesteśmy pełnoprawnymi, samodzielnymi lekarzami.

Przebywa się na różnych oddziałach: interna – jedenaście tygodni, pediatria – osiem tygodni, chirurgia – osiem tygodni...

No dobrze, ale przestańmy się nawzajem rozśmieszać. Rozporządzenie ministra jest bardzo w porządku, dobrze napisane, dogłębnie słuszne. To może teraz porozmawiajmy o tym, jak to wygląda w praktyce.

Chętnie, więc jak to wygląda w praktyce?

Mówimy o stażu podyplomowym. Teoretycznie jest się wtedy lekarzem ogólnym i pod nadzorem można robić wszystko, co powinien robić lekarz. Zresztą w tym rozporządzeniu jest szczegółowo wypisane, co i gdzie. Na chirurgii powinniśmy uczyć się nacinania ropni, zakładania gipsu, szycia – wymieniono ze sto pozycji. Na innych oddziałach podobnie.

To w teorii, a w praktyce?

Robi się papiery. Przyjęcia, karty... czarną robotę, którą na oddziale ktoś musi zrobić. Wiadomo, taka jest kolej rzeczy, że skoro nikt nie chce tego robić, to zaczynają od tego najmłodsi.

Siedzi pan przy biureczku i wypisuje, tak?

Kolega, który jest w tej chwili na stażu na internie, opowiadał mi, że ma tak przez cały czas: przyjęcia, wypisy, przyjęcia, wypisy... Nie rusza się zza biurka. Ja miałem może więcej szczęścia, bo do tej pory odbyłem staż na SOR i w poradni lekarza rodzinnego. Zajmowałem się głównie pacjentami, bo tam tych papierów aż tyle nie ma.

Frustrują was te papiery?

W sumie to nie powinien być żaden powód do frustracji i zdenerwowania. Mówię uczciwie, że trzeba się tego nauczyć i trzeba to robić sprawnie. Bo przecież w takim systemie funkcjonujemy. W tej chwili najważniejszy dla NFZ jest papier, a nie pacjent. A więc to wypełnianie papierów na stażu w późniejszej praktyce wyjdzie nam tylko na zdrowie. Nikt się nie przyczepi o refundację, o źle wypisany kwit. Problem leży gdzie indziej. Chodzi o to, że staż bardzo często kończy się tylko na papierach. Brakuje czasu, żeby porobić coś takiego, co będzie potem potrzebne w codziennej pracy z pacjentem.

* * *

INTERNISTA:

Opowiada mi pan o narzekaniach stażystów. Przepraszam, ale może jest trochę inaczej? Może jeśli ktoś chce się czegoś nauczyć, to się nauczy, ale jeśli nie ma ochoty, to nie wyjdzie poza papiery? Obserwuję stażystów „przepływających" przez mój oddział. Pojawiają się rano, zakręcą się, około dziewiątej już ich nie ma. Mam za nimi biegać, prosić: „uczcie się, kochani"? Nie będę tego robił, nie moja sprawa.

* * *

LEKARZ KOŃCZĄCY SPECJALIZACJĘ:

Opowiem panu, jak wygląda staż na psychiatrii. Psychiatria to dziedzina, która kompletnie mnie nie interesuje, no ale muszę ją zaliczyć, przejść ten staż. OK, muszę, więc chodzę. Myślę sobie, że skoro już chodzę, to może się czegoś dowiem, zainteresuję się, co oni tam na tej psychiatrii robią. Próbuję, ale mi nie wychodzi. Psychiatrzy są – powiem to delikatnie – specyficzną grupą. (*śmiech*) Pojawiam się na oddziale, a oni traktują mnie jak powietrze. W końcu pytam, jakie są wymagania. „Ma pan być na odprawie!" Dobra, przychodzę na ósmą na odprawę. Jest odprawa. Kompletny brak zainteresowania moją osobą. Robię sobie kawę, potem drugą, a czasem trzecią. Jest dziewiąta trzydzieści. Biorę kurtkę i wychodzę. Następnego dnia sytuacja się powtarza i tak do końca. Oni mnie olewają, a ja jestem wściekły, bo marnują mój czas. Mam w nosie psychiatrię, ale oni robią wszystko, żeby mój staż był bez sensu. Kilka tygodni wyrwane z życiorysu. Koniec stażu. Ciekawe, co będzie. Przychodzę z karteczką. A tam uśmiechy, piecząteczki – żadnego problemu. Podbili, bez utyskiwania, szczęśliwi, że już nie będę przychodził. I ja też szczęśliwy, że już nigdy do nich nie trafię.

Staż na internie? Opisywanie pacjentów. Na ortopedii? Opisywanie pacjentów. Generalnie przez rok czuje się człowiek jak zapchajdziura. Tylko na chirurgii faktycznie pomagałem przy operacji.

Na podstawie tego, co przeżyłem, stwierdzam, że stażu mogłoby nie być. Rok pseudopracy bez żadnej odpowiedzialności, nie leczy się pacjenta, nie uczy się niczego nowego. Przez ten rok nie dowiedziałem się niczego, czego bym już nie wiedział. Jeśli chodzi o to, żeby człowiek dotknął medycyny praktycznej, to staż jest do niczego, bo tam nie dotyka się medycyny. Może ma to taki sens, że ogląda się wszystkie oddziały, co może pomóc w wyborze specjalizacji. Jednak uważam, że człowiek, który kończy studia, i tak wie, a przynajmniej powinien wiedzieć, co chciałby robić, specjalistą od czego chciałby być. A więc i z tego punktu widzenia staż jest bez sensu. Powtarzam, stażu mogłoby nie być – ja na nim niczego nie zyskałem.

* * *

ANESTEZJOLOG:

Staż podyplomowy w naszym systemie to coś dla ekstrawertyków, ludzi, którzy bardzo chcą i się nie zniechęcają. Dla takich, którzy się wszędzie wciskają, pytają, zostają długo, proszą się, łaszą – tacy mogą się czegoś nauczyć.

* * *

STAŻYSTA (CD.):

Pewnie wina leży po obu stronach. Mam kolegów, którzy totalnie olewają staż. Powinni siedzieć na oddziale przynajmniej do piętnastej, ale urywają się, kiedy mogą. Staż to takie wakacje ekstra. Nie ma kasy, ale nie ma też pracy. No ale starszym kolegom, lekarzom to jest bardzo na rękę. My udajemy, że się uczymy. Oni udają, że nas uczą. Wypełnia się papierki i spada do domu. My mówimy, że 2 tysiące złotych to wyzysk i upokorzenie, a oni twierdzą, że nie należy nam się nawet połowa tego, bo przecież i tak jesteśmy leserami. W tym wszystkim giną stażyści, którzy uczciwie pracują od ósmej do piętnastej, są zmuszani do robienia czarnej, papierkowej roboty i sami zabiegają o to, żeby się uczyć, a ściślej i uczciwiej mówiąc, wyrywać wiedzę od starszych kolegów.

Dlaczego mówi pan wyrywać wiedzę? Opiekunowie, ordynatorzy nie są zainteresowani tym, żeby was uczyć?

Tak, ale nie należy generalizować, bo jest różnie. Wielu starszych kolegów zachowuje się bardzo przyzwoicie, chce przekazywać wiedzę. Szczególnie młodsi lekarze, którzy chcą się przed nami popisać, że już tyle umieją. Umówmy się, pracy w szpitalu jest bardzo dużo, więc jak się takiemu specjaliście pomoże z papierami i poprosi, żeby coś tam pokazał, to nie spotkałem się jeszcze z odmową, żeby mi nie dano czegoś tam zszyć.

Handel wymienny?

Tak, to handel wymienny. Ale wymagający chęci, zaangażowania stażysty, bo mówiąc wprost, dla lekarzy odsyłanie nas do papierków albo przymykanie oczu na to, że znikamy o dziewiątej rano, jest najbardziej logiczne, bo najbezpieczniejsze. Po co mają ryzykować? Niby mamy prawo do wykonywania zawodu, ale wszystko powinniśmy robić pod okiem starszych lekarzy. Za nasze czyny odpowiada jakiś specjalista. A jaki on ma w tym interes, żeby nadstawiać za mnie karku? I tak ma roboty po uszy. I tak ledwie stoi na nogach i jeszcze ma się bać, że ja coś schrzanię? Będą go może ciągali po sądach, będzie się musiał tłumaczyć? Po co mu to wszystko? A więc jak się zachowa? Zachowa się racjonalnie: „Pan wypełni papierki!", „Musi pan iść? Oczywiście, rozumiem, do jutra".

* * *

LEKARZ,
OSTATNI ROK SPECJALIZACJI:

Staż podyplomowy? Człowiek tuła się po różnych oddziałach i generalnie jest to laba. Są miejsca, gdzie podobno ten staż przebiega sensownie. Podobno, bo ja nie spotkałem takich miejsc. (*śmiech*) Chodzi o to, że lekarz w trakcie stażu podyplomowego ma ograniczone prawa wykonywania zawodu i tak naprawdę nie może nic. Niby jest uprawniony do wykonywania zawodu w miejscu, w którym odbywa staż. Ale nie do końca wiadomo, co to znaczy, więc nikt nie będzie ryzykował i dawał stażyście szczególnych zadań.

Chirurgia. Specjalność – super. Osiem tygodni stażu – rewelacja. Tak pan myśli? To się pan szybko rozczaruje. Otóż na chirurgii pana praca będzie polegała na upraszczaniu życia kolegom – czyli na opisywaniu pacjentów. Przychodzi pacjent, to się wysyła stażystę, żeby opisał, czyli wypytał, osłuchał i potem po prostu wypełnił papiery. Papiery, czyli stażysta w roli głównej! Kiedyś staż był inny i miał więcej sensu. Był podzielony na cztery części po trzy miesiące: ginekologia, pediatria, choroby wewnętrzne i chirurgia. Ja tego nie przechodziłem. Teraz? Po osiem tygodni pediatrii, osiem tygodni interny, dwa tygodnie ortopedii. Czego się można nauczyć w dwa tygodnie w nowym środowisku?

* * *

ORTOPEDA:

Staż niektórzy nazywają najdłuższymi wakacjami. Ludzie po trudnych studiach robią sobie trzynastomiesięczne wakacje na koszt państwa. Ale może też być dobrym startem do pracy. Ja na przykład na stażu nauczyłem się wielu rzeczy potrzebnych mi dziś w praktyce. Znam kolegów, którzy organizują sobie staż tak, żeby w miejscu, które im najbardziej odpowiada, pokazać się z dobrej strony, wyrobić sobie tam opinię. Wtedy można wrócić i starać się o angaż na rezydenturze czy ewentualny etat. Oczywiście w Warszawie robienie specjalizacji i bycie na etacie szpitalnym to jest fikcja, niemal się nie zdarza. Natomiast w innych miastach ludzie dostają nawet angaż i robią specjalizację, będąc na etacie. Są możliwości, czasem wystarczy ruszyć się z dużego miasta.

Ja dziś już nie jestem rezydentem. Od pierwszego stycznia jestem pracownikiem etatowym, młodszym asystentem. Przygotowuję się do egzaminu specjalizacyjnego. U mnie więc wszystko dobrze się układa.

* * *

DZIAŁACZ
SAMORZĄDU LEKARSKIEGO:

Staż kończy się lekarskim egzaminem końcowym. Dwieście pytań; żeby zdać, trzeba udzielić 56 procent prawidłowych odpowiedzi. Kto zdobędzie więcej punktów, ma szanse na dostanie się na ciekawsze specjalizacje. Specjalizować można się na dwa sposoby. Najpopularniejszy sposób to rezydentura – czyli praca w szpitalu, za którą płaci nie szpital, ale Ministerstwo Zdrowia.

* * *

STAŻYSTA:

Najbliższy nabór we wrześniu. Trzy tysiące sześćset miejsc na specjalizacje, a samych stażystów, czyli tych, którzy będą się rekrutować, jest cztery tysiące stu trzydziestu sześciu. Będzie wesoło.

* * *

ANESTEZJOLOG
REZYDENT:

Powiem panu, że mam dość kolegów lekarzy. Najgorsi są ci, co zaczynali na początku lat dziewięćdziesiątych. Harowali w imię kapitalizmu po trzysta godzin w miesiącu. Spali w szpitalach, żarli kefir i bułki. Liczyli każdy grosz. Zarabiali coraz więcej. Brali od pacjentów. Robili wszystko, żeby zdobyć kasę. Kupowali mieszkania, domy, samochody. Nie mieli życia rodzinnego, żony ich pozostawiały, dzieci ich nie chcą znać. I są na nas wkurwieni, że my tak nie chcemy.

* * *

MŁODY LEKARZ:

Zaraz przyjdzie moja fantastyczna wypłata: dwa tysiące. Pamiętam, że z perspektywy studenta medycyny wydawało mi się, że to kupa pieniędzy. Ale student był na garnuszku u rodziców, miał kieszonkowe, stypendium za wyniki sportowe. I tak sobie człowiek żył: opłacał internet i telefon, chodził na imprezki, jeździł starym samochodem.

Zderzenie z dorosłością było brutalne. Przyszła pierwsza wypłata. Czesne za wynajem mieszkania i wszystkie wydatki trzeba było ponosić samemu. Poszedłem zapłacić ubezpieczenie za samochód. Tyle mi wyliczyli, że sprzedałem auto. Z dwóch tysięcy nie dało się tego wszystkiego poskładać do kupy.

* * *

LEKARZ PEDIATRA
W MAŁEJ MIEJSCOWOŚCI:

Pamiętam, jak tu przyjechałam trzydzieści lat temu. Pamiętam listę płac. Byłam najniżej zarabiającym człowiekiem w całym ośrodku zdrowia. Kierowca karetki pogotowia mówił mi, że takie rozwiązanie jest słuszne, bo przecież wszyscy mamy takie same żołądki. To było wówczas dość popularne powiedzonko. On zarabiał więcej, sprzątaczki też. A ja cieszyłam się, że mam pracę. W ośrodku był jeszcze jeden lekarz, starszy ode mnie. Ucieszyłam się bardzo. Starszy, mistrz, mentor będzie mnie wszystkiego uczył. Będę się czuła bezpiecznie, wszystko powoli jakoś pójdzie. Dostałam służbowe mieszkanie. Wspaniale!

Aha, jeszcze tylko jeden mały warunek, że mam otworzyć specjalizację – konkretnie mam zostać pediatrą. Bardzo dobrze! Zacznę specjalizację, będę pediatrą. Wszystko dogadane. Przychodzę do pracy i zaczynam rozumieć, o co chodzi. Starszy kolega, mistrz i mentor, jest skończonym alkoholikiem. Nic wyjątkowego, wówczas większość wiejskich doktorów zdrowo pociągała. Ale ten był już w stadium upadku. Groziła mu dyscyplinarka, ale nie chcieli go zwolnić, zanim nie znajdzie się następca. Tym następcą miałam być właśnie ja.

Gdy tylko przyszłam, on natychmiast poszedł na urlop. Długi, bo należał mu się chyba za trzy lata wstecz. No więc co? Pani doktor z płacą gorszą od sprzątaczki leczy ludzi. Dyżury, pogotowie. Oponuję, że nie czuję się jeszcze pewnie, to sam początek mojej pracy. Słyszę, że dyżury to część mojego etatu, więc nie mam wyjścia. Chryste! Pytam matkę, która też jest lekarzem, co robić. Matka mówi: „Wiesz, jak będzie dobry sanitariusz, to on za ciebie wszystko zrobi". Zapamiętałam. Mam pierwszy wyjazd karetką. Mówię do sanitariusza, żeby podał aminofilinę z hydrokortyzonem. Wiem, co podać, bo mnie tego nauczyli na studiach, ale nie wiem, jak to podać! Sanitariusz ponabierał leki w strzykawki. I siedzi. Poganiam, żeby wstrzyknął. A on: „Pani doktor, ale przecież ja nie mogę".

Rzuca się nas na głęboką wodę. Wkłuwałam się, podawałam kroplówki, robiłam wiele rzeczy, których nie zrobiłabym dzisiaj. Przychodzili rodzice z dzieckiem i mówili: „Pani doktor, to pani mu da mu kroplówkę, bo ma dzieciak biegunkę, a nie chcemy go oddać do szpitala". A ja głupia kretynka podłączałam kroplówkę i się jeszcze cieszyłam, że dziecko wyzdrowiało, a rodzice zadowoleni. No, debilka! Trzeba było najpierw oznaczyć sód, potas i tak dalej, bo przecież można zaszkodzić.

Ale robiłam to wszystko. Dlaczego? Wynikało to z mojej niewiedzy, mniejszej wyobraźni, z tego, że nie zdawałam sobie sprawy ze wszystkich konsekwencji. A teraz? Już od dawna nie jeżdżę w pogotowiu, nie jestem najlepsza w przychodni, nie ryzykuję. Pewnie wynika to z doświadczenia, wieku i zwykłego lęku.

Co mówię dziś, jak poproszą, żebym podłączyła kroplówkę, bo nie chcą oddać dziecka do szpitala? „Nie chcecie, wasze zmartwienie!"

* * *

REZYDENTKA CHIRURGII ONKOLOGICZNEJ:

Na pierwszy dyżur wzięli mnie z zaskoczenia. To jest troszkę stresujące, jeśli się jest na specjalizacji dwa miesiące, dopiero się człowiek uczy podstaw chirurgii, a tu nagle trzeba samemu zostać z pacjentami onkologicznymi, z którymi może się wydarzyć absolutnie wszystko. Cała noc przede mną, jestem jedynym lekarzem na oddziale. Pół oddziału to pacjenci po zabiegach operacyjnych i to zwykle dużych. Druga połowa to pacjenci, którzy biorą chemię. Robię specjalizację z chirurgii, więc o pacjentach, którzy biorą chemię, nie mam dużego pojęcia.

– Spokojnie! – koledzy próbowali mnie pocieszyć – Nie jest tak źle, przeważnie nic się nie dzieje. Chyba, że...

I ruszają opowieści: „A ja ostatnio miałem taką sytuację: zawał po cytostatyku". Kurczę! Niby umiem rozpoznać zawał, no ale zawały u osób, które biorą chemię, przebiegają inaczej. Poradzę sobie?

A tu inna koleżanka mówi: „Ostatnio było tak, że pacjentka miała niegojącą się ranę uda po napromienianiu. Naczynia udowe na wierzchu. Pękła tętnica udowa. Miała szczęście, że pękła w czasie obchodu. Ktoś z lekarzy złapał ręką tę tętnicę, zawieźli panią na blok i ją tam zeszyli."

I znowu myślę sobie – z tętnicy udowej można się wykrwawić w dwie minuty, a jak komuś pęknie na moim dyżurze? Wykrwawi się, zanim ktokolwiek się zorientuje. To nie jest tak, że co chwilę zagląda się do pacjentów. Nasłuchałam się, nasłuchałam i z duszą na ramieniu poszłam na pierwszy dyżur.

* * *

MŁODY LEKARZ:

Jak zaczynałem dyżury, to rany boskie! Żebym kogoś nie zabił swoim postępowaniem, żebym jakiegoś leku nie pomylił, sprawdzanie kilka razy. Kupiłem drogi telefon i w telefonie sprawdzam, czy na pewno ten lek jest właściwy, czy refundacja się zgadza. Bo za źle wystawioną receptę jest dwieście złotych kary, czyli mój dyżur się kasuje.

* * *

REZYDENT ANESTEZJOLOGII:

Umiem zaintubować, umiem wykonać wszystkie podstawowe czynności, ale przychodzi taki moment, że nie wiadomo, dlaczego pacjentowi na stole saturacja spada, zmienia się EKG. Gorączkowo myślę, co robić? Mam zwiększyć tlen? Enzymy pobadać zawałowe? Ale co się dzieje? Sprawdzam drogi oddechowe, czy rurka się nie zatkała. Robię to wszystko i wiem, że nic więcej nie wymyślę. Bo tu trzeba doświadczenia. Wtedy pędzę po specjalistę. Akurat u nas tak to jest zorganizowane, że zawsze ktoś przyjdzie. Czasem biegiem, bo już nie ma żartów.

Moja pani doktor od specjalizacji zawsze mi mówi, że mam pracować tak, jakby za chwilę miał mnie wezwać na przesłuchanie prokurator. Zawsze za uchem czułem jej oddech. I rypała mnie, jak psa. Rypała mnie przy innych, bardzo brutalnie: „Źle, powinno być tak, niedopilnowane, brakuje tego, owego, zobacz". Tak było przez pierwsze pół roku. Jestem jej wdzięczny. Wiem, że trzeba wszystko przewidywać na trzy kroki do przodu.

Patrzę na moją panią doktor, na asystentów, specjalistów. Oni już wiedzą, co zrobić, zanim ja zrozumiem, co się właściwie zdarzyło. Patrzę na nich jak na magów, którzy mi zdradzają swoją magiczną wiedzę. Mam szczęście, dobrze trafiłem.

DZIENNIK SANITARIUSZA

Popołudnie.

– Dzień dobry!

– *(cisza).*

– Dzień dobry!

– *(cisza).*

– Dzień dobry!

– *(cisza, zdziwienie)* ... Dzień dobry!

Robię eksperyment. Mówię śmiałe „dzień dobry" wszystkim napotkanym lekarzom. Czasem odpowiedzą, częściej tego nie dostrzegają, niektórzy się dziwią, że powietrze może mówić. Jestem tylko sanitariuszem, pcham wózki. Oni ratują ludzkie życie. Nie muszą mi odpowiadać.

Rozdział IV
Codzienność

Starsi boją się uczyć młodszych,
boją się konkurencji, bo boją się, że może młodszy
będzie lepszy. W wielu miejscach tak jest,
że młodzi nie są dopuszczani do roboty.
Są od papierów, od zajmowania się pacjentami,
natomiast na operację to mogą patrzeć
zza pleców, ewentualnie być trzecią
czy czwartą parą rąk, potrzymać haki.
Polska medycyna to system feudalny.
Ci na górze spijają śmietankę,
ci na dole ogryzają ochłapy.

Młody urolog

DZIENNIK SANTARIUSZA

Poranek.

– Mamy zabrać pacjenta na rezonans.

– Nie ma. Są za to zwłoki.

– Dobra, możemy brać zwłoki.

– Zaraz, zaraz, jest ten rezonans. To wy pacjenta, a pan Marek zwłoki.

Marek uśmiecha się. Dostał chudzielca albo chudzielicę – kto to zgadnie? Maleńkie zawiniątko w czarnej materii na kozetce.

Za to na rezonans jedzie wielkie łóżko. Pacjentka też jakaś duża, a niech to. Winda, w środku dnia trzeba czekać i czekać. Dlatego kozetka i łóżko stają na chwilę obok siebie. Śmierć obok tlącego się jeszcze życia. Straszne?

Pacjentka patrzy na stojące obok zawiniątko, ale trudno powiedzieć, czy cokolwiek do niej dociera. Nie mówi, twarz jakby odlana z wosku, widać ciężki przypadek.

Kim jest?

Wiemy o niej sporo. Ile ma lat, jak ma na imię, jak na nazwisko. Wiemy, na jakie badanie jedzie. Wszystko to wypisane jest w skierowaniu, które sanitariusz musi mieć w kieszeni.

Ale to nie jest istotne, bo takich skierowań w ciągu dnia są dziesiątki. W sumie ważne jest to, dokąd się jedzie, a nie z kim.

Ważniejsze od tego, czy to leciwy mężczyzna, czy też zjawiskowa kobieta, jest to, czy jedzie na łóżku, czy na wózku, czy też być może jest w stanie poruszać się o własnych siłach.

Gdzieś w podświadomości człowiek staje się ładunkiem. A ta kartka, która może uratować mu życie – zwyczajnym listem spedycyjnym.

To łóżko waży chyba wiele ton. Albo ma coś z kołami, bo ledwie się toczy. Widać, że pacjentkę bardzo boli. Łóżko pokonuje próg i trzęsie, na jej woskowej twarzy widać grymas.

Wówczas podrywa kołdrę i ukazuje się żółte pobijane ciało. Jest bezradna, wzrok ciekawych obcych ją upokarza, odczłowiecza.

Nie trzeba patrzeć. Każdy dzień sanitariusza to tylko wózki i łóżka, łóżka i wózki. Na nich puste oczy umierających.

– Sto jeden lat? Po co ją męczycie? Po co pan ją przywiózł?

– Nie wiem. Dostałem skierowanie...

Albo wstyd tych, którzy rozumieją, gdzie są.

– Proszę pana?

– Tak?

– Czy ja bardzo śmierdzę?

Co powiedzieć? W końcu to tylko praca. Zawsze trzeba mieć w zanadrzu rękawiczki, bo być może trzeba będzie dotknąć ciała. Ażurowej skóry staruszka, którego ręce są sine od wbijanych od tygodni igieł. Unieść worek z moczem. Założyć kapcie. Oni widzą te rękawiczki. Rozumieją, że się ich brzydzisz.

Ale to technicy brzydzą się ich naprawdę. Woleliby dotykać ciał tylko przez skomplikowane aparaty do prześwietleń, ech, rezonansów.

– Mógłby pan zostać w gabinecie? Bo może trzeba będzie przełożyć.

„Bo może trzeba będzie przełożyć" to ciekawe zdanie. Nie ma w nim podmiotu. Nawet w warstwie słów lepiej nikogo nie dotykać, a już na pewno nie bez rękawiczek.

* * *

REZYDENTKA
CHIRURGII ONKOLOGICZNEJ:

Pyta pan o obcowanie ze śmiercią, obcowanie z ciężko chorymi, o umartwianie się wraz z nimi. Ja myślę, że nie da się tego przetrwać bez jakiegoś życia obok. Musi być jakaś obrona.

Jaka na przykład?

Nie wiem, często widzi się, że starsi koledzy bywają cyniczni, mają czarny humor, czarne dowcipy.

To proszę opowiedzieć.

Nie chciałabym przytaczać, no ale była taka historia, która to dość dobrze ilustruje. Przyszłyśmy z koleżanką ze szpitalnego bufetu. Koledzy pytają:

– I gdzie byłyście?

– Zjeść.

– Co było?

– Sałatki z toną majonezu.

– To niezdrowe!

Koleżanka mówi:

– A mnie tam nie zależy, wolę jeść smacznie niż zdrowo, co mnie to obchodzi. Najwyżej za parę lat będę mieć cukrzycę.

Włącza się kolega:

– Tak, tak, no teraz cię to nie obchodzi, ale za trzydzieści lat będziesz jak ten pacjent, co go wczoraj przyjęliśmy i co się na łóżku nie mieści. Rok za rokiem paluszków będziesz miała coraz mniej, nóżki coraz krótsze.

Paluszków coraz mniej, bo cukrzyca łączy się z zaburzeniami krążenia, palce ulegają martwicy i często trzeba je amputować. To potworne, bo mamy wielu takich pacjentów w szpitalu. No ale w tamtej chwili wydawało się nam to bardzo śmieszne.

Pan tego słucha i jest dla pana straszne? Że my tak sobie żartujemy? To taki sposób radzenia sobie z sytuacjami, z którymi ciężko dać sobie radę. Ale zgoda, nasz dowcip jest specyficzny.

* * *

LEKARKA
Z WARSZAWY:

Widziałam ten proces dzień po dniu. Jak moje koleżanki i koledzy się zmieniają. Tracą empatię, powoli stają się innymi ludźmi. Zaczęło się już na praktykach w szpitalu, kiedy byliśmy studentami. Szpital to jest taśma. Pracujemy na taśmie, to znaczy, że nie mamy czasu zatrzymać się, porozmawiać, spojrzeć w oczy człowiekowi, którego leczymy. Najpierw mnie to dziwiło. Dlaczego tak szybko stajemy się gburami, burakami. To chyba musi być nasza wina. Ale teraz coraz częściej myślę inaczej. Możesz chcieć, starać się, ale nie zawsze się da. A raczej częściej się nie da niż da. Taki jest świat. Opowiem to na przykładzie swojej koleżanki.

Jeszcze niedawno była bardzo ciepłą, empatyczną, miłą osobą. Teraz, niestety, jest strasznie wulgarna. Nie lubi pacjentów, irytują ją maksymalnie. Oglądałam proces przemiany. I – nie będę ukrywała – dla mnie to było bardzo przykre. Na samym początku nie dostała się na specjalizację, o której marzyła, czyli na chirurgię. W ogóle dla kobiety robienie specjalizacji z chirurgii jest trudne. No ale marzenia to marzenia. Żeby być w zgodzie ze sobą, robić to, co chciała, zgłosiła się do szpitala jako wolontariusz. Chciała w ten sposób osiągnąć życiowy cel, zostać chirurgiem. Pięknie, ale z czego żyć? Koleżanka nie pochodzi z bogatej rodziny, jak większość z nas. Jest już dorosła, musi więc sobie jakoś radzić. Wolontariat, jak sama nazwa wskazuje, to brak pieniędzy. Wiadomo, że lekarz może sobie bez problemu dorobić. Jednak nie ona. Na oddziale, na który trafiła, rządzi niepodzielnie pan profesor. Wyzyskiwał ją, mobbingował i dbał, żeby nie miała czasu na dorabianie. W końcu z łaski pozwolił jej tu być, powinna więc być wdzięczna, żywić się powietrzem i pracować dla idei. Był niemile zdziwiony, gdy poprosiła go o jakiekolwiek wynagrodzenie.

Dorosła kobieta, po studiach, niedługo chirurg, musi wynajmować pokój przy starszej osobie! Nie ma pieniędzy. Nie ma czasu na życie prywatne. A rodzina? Kiedy będzie czas na założenie rodziny? To jest forma niewolnictwa.

W końcu koleżanka dostaje etat. Hurra! Jednak okazuje się, że to jest tylko haczyk. Bo po trzech miesiącach z etatu robi się pół etatu, a dziewczyna potrafi ciągiem przez dwa dni nie wychodzić ze szpitala. Robi się coraz bardziej sfrustrowana, wściekła i niemiła. I wtedy nagle pan profesor ją pyta: „A z jakiej rodziny pani pochodzi?". No z jakiej? Normalnej, przeciętnej. Profesor lubił dzielić ludzi. Wolał tych z dobrych rodzin, a tych z przeciętnych jakoś nie lubił. Więc gdy przychodziły osoby z polecenia, były zupełnie inaczej traktowane niż moja koleżanka. W końcu miała dość.

Odeszła. Ale to już była inna osoba. Od roku pracuje w innym miejscu. Dostała tam normalną rezydenturę. Jest z nią lepiej, ale bez rewelacji. Nie wiem, czy kiedyś będzie taka jak dawniej: miła dla ludzi, współczująca. Pamiętam ją z czasów, gdy pracowała u profesora. Rozmawiałyśmy często o pracy. Jej opowieści mnie przerażały. Przemęczenie, stres i jeden wielki bluzg. O pacjentach nie potrafiła mówić inaczej, niż tylko rzucając wiązanki przekleństw. Teraz jej trochę mija i ma nareszcie jakieś pieniądze. Niedużo, chyba 2200 na rękę miesięcznie plus jeszcze obowiązkowe dyżury w ramach specjalizacji, płatne. Ale nadal mieszka przy starszej pani.

* * *

REZYDENT
ANESTEZJOLOG:

Mieszkam z żoną i z teściem. Na wsi. To nieźle. Gdybyś zobaczył, w jakich warunkach kiedyś mieszkałem. Lekarz! Pan doktor! Można się uśmiać. A co mówią o nas? „Pokaż, lekarzu, co masz w garażu!" Pamiętasz tego polityka, co tak mówił? Wśród rezydentów śmiejemy się i odpowiadamy: „Nie mam garażu!". Jeżdżę siedemnastoletnim passatem, żona ma osiemnastoletniego focusa. Czyli mamy dwa auta! Tyle że te nasze porszaki dobiegają dwudziestki. Dobrze, że mój passat to diesel, bo musiałbym dojeżdżać do pracy w szpitalu PKS-em.

* * *

MŁODY LEKARZ:

Zauważyłem, że zacząłem uzależniać się od pracy. W sumie było mi obojętne, czy śpię w domu, czy śpię w szpitalu. Ewidentnie przesadzałem z pracą. Zahamowałem ze względu na żonę i dzieci. Dziwnie się czułem, że ich nie widuję, że przynoszę tylko kasę do domu. Ale czasem, jak przyjdę ze szpitala, siedzę w domu, znów myślę o pracy. Gdybym był sam, z powrotem, jak koledzy, rzuciłbym się w pracę i zasuwał do upadłego. Etat, przychodnia, dyżury i jeszcze trochę dyżurów. (*śmiech*) Bo co by mnie hamowało, żeby zdobyć jeszcze większe pieniądze? Mógłbym nachapać się i może później sobie odetchnąć. Z odłożoną kupką pieniędzy. Nie wiem tylko, czy uda mi się tak łatwo wyhamować mimo rodziny. Znam kolegów, którzy mają już wszystko, ale ciągle jest im mało. Myślę, że praca ich pożarła. Nie ma w ich życiu niczego poza szpitalem. Choć oczywiście mają rodziny, czasem nawet przykładne, uchodzące za szczęśliwe.

* * *

REZYDENT ANESTEZJOLOGII:

Jestem lekarzem, mam trzydzieści kilka lat, muszę wziąć kredyt na mieszkanie, chciałbym pojechać na narty, zarobić na wakacje. Ale zarabiam na to za mało. Skoro tak, to muszę pracować więcej. Odbywa się to kosztem mojego wolnego czasu, zdrowia. Czasem jestem tak zmęczony, że może się to odbić na pacjencie. Ale przecież takie jest życie, nie mam wyboru. Zarobię, a potem będzie już normalnie. Szybko przyzwyczaję się do takiego trybu życia. Na początku będzie trudno, ale miną dwa, trzy miesiące. Do wszystkiego można się przyzwyczaić. Po pewnym czasie będę traktował to jako coś normalnego. Minie dziesięć lat, przyjdzie do mnie młody lekarz i powie:

– Co pan ma za życie? Ciągła praca, partanina za jakieś nędzne grosze. A wakacje, narty, rodzina, ambicje zawodowe?

Popatrzę na niego jak na wariata:

– Człowieku, lekarze zawsze dorabiali na dyżurach i na partaninach w przychodni. Ja w twoim wieku to po trzystu pacjentów miałem.

Ludzie funkcjonują w taki sposób, bo chcą żyć na określonym poziomie. Wychodzą z założenia, że jeśli tego poziomu nie daje im społeczeństwo, płacąc podatki na ochronę zdrowia, to oni te pieniądze sobie zarobią. Będą brali tyle dyżurów, aż kasa się zgodzi. A że będą gorzej leczyli, narażali bezpieczeństwo pacjentów? To już problem społeczeństwa – skoro nie chce płacić, to ma.

* * *

ANESTEZJOLOG:

Środowisko uważa, że to jest normalne, że pracuje się dwieście pięćdziesiąt czy trzysta godzin w miesiącu. Musisz coś kupić? Idź na dyżur, żeby zarobić. Jedziemy na narty? Nie mam pieniędzy, nie jadę. Jak to lekarz może nie mieć pieniędzy? Weź dyżury.

Za szesnastogodzinny dyżur dostaję 300 złotych; 2000 złotych na narty to tydzień mojego życia!

* * *

MŁODY LEKARZ
Z MIASTA POWIATOWEGO:

W styczniu udało mi się wyciągnąć 11 tysięcy złotych, czyli nie ma co narzekać. Tyle że dziesięć nocy spędziłem poza domem. Koleżanka spędza piętnaście nocy poza domem i ma etat w szpitalu. Chodzi legenda o lekarzu, który miał dwadzieścia osiem dyżurów w miesiącu. Zastanawiał się, czy nie zrezygnować z mieszkania, z wynajmu, bo i tak żył w szpitalu. To już chciwość!

* * *

LEKARZ
Z DUŻEGO SZPITALA W WARSZAWIE:

Jesteś człowiekiem z najniższą krajową, czyli niecałe dwa tysiące. I nagle, już na rezydenturze, wchodzisz w dyżury. Jeśli jesteś rezydentem na deficytowej specjalizacji, masz dodatkowe 500 złotych. Zaczynasz zarabiać, powiedzmy, sześć tysięcy. I to jest bardzo przyjemne uczucie. Rozumiesz, że te dyżury do jest dobra sprawa. Zaczynasz szukać nowych możliwości. Idziesz do POZ i widzisz, że można mieć osiem tysięcy i niekoniecznie sypiać w szpitalu. Wtedy entuzjazm do dyżurów opada, co powoduje frustrację twoich przełożonych. Młody jest od tego, żeby dyżurować! A ty chcesz zarabiać i masz dość tego, że każdy, kto jest starszy, chce cię wykorzystać i uważa, że to w porządku. Z drugiej strony szpital to jest coś realnego, coś, co ma sens. Czasem siadasz co prawda wykończony, ale jest ci przyjemnie: był fajny zabieg, coś fajnego się udało. Wiesz, że zrobiłeś coś dobrze. To jest właśnie to. Sens tej pracy.

* * *

ONKOLOG DZIECIĘCY:

W mojej specjalizacji nie zarabia się dużo. Zawsze dorabiałem, jeżdżąc karetką. To moja najukochańsza praca. Gdyby ktoś mi zagwarantował, że nie będę musiał jeździć do pijanych ludzi, tylko do wypadków samochodowych, to mógłbym to robić całe życie. Najpiękniejsza robota, jaka jest. Serio.

* * *

REZYDENTKA
CHIRURGII:

Robiłam praktyki w niewielkim szpitalu. Spotykałam tam lekarzy, którzy nie byli przeciążeni studentami i bardzo wiele mi pokazali. Właśnie dzięki praktykom wakacyjnym rozpoczęła się moja fascynacja chirurgią, którą ostatecznie wybrałam jako moją specjalizację. Panowie, mimo że jestem dziewczyną, dali mi szansę. Zabierali na blok, stałam co prawda na hakach, ale zawsze coś. Niewiele pomagałam, ale mogłam popatrzeć, jak to wygląda, i mnie to bardzo ciekawiło. Moi koledzy mieli mniej szczęścia. W dużych klinikach nie mieli szansy nawet wejść na blok operacyjny. Tam jest zawsze bardzo długa kolejka do stołów operacyjnych.

* * *

LEKARZ
Z DUŻEGO SZPITALA W WARSZAWIE:

Generalnie człowiek się tu napatrzy. A to przywiozą dziewczynkę, której motocyklista „amputował" nogę. A to człowiek się na płot nadział. A to koparka kogoś pogryzła...

Koparka pogryzła?

Tak, po prostu facet spał na hałdzie żwiru, a drugi pracował koparką z drugiej strony. Nabierał, nabierał piach i nie widział, że zaczepił też kolegę i go trochę oskórował. No są różne takie sytuacje.

Zostaje to jakoś w panu?

Nie, ja do tego już podchodzę normalnie. Takie rzeczy jak krew, otwarte ciało, tkanka – mnie to w ogóle nie rusza. Nie mam z tym problemów.

A co panu się śni?

Jak to co mi się śni?

No co się panu śni?

Praca? Nie, rzadko kiedy. Chyba ostatnio jestem trochę przemęczony. Mam małego synka, więc generalnie jak już zasnę, to zaraz się budzę, bo on zaczyna albo płakać, albo się wiercić. Ale co mi się śni? Co za pytanie? Różne rzeczy mi się śnią. Ale nie mam koszmarów związanych z pracą.

* * *

CHIRURG:

W Polsce jest nas mało. W stosunku do liczby mieszkańców liczba lekarzy jest niewielka, jeśli porównywać z innymi krajami europejskimi. Jednak to nie jest główny problem. Zasadniczym problemem jest organizacja pracy. W moim szpitalu obowiązkiem lekarzy jest na przykład numerowanie stron w historii choroby. Nie mogłaby tego robić sekretarka? Dlaczego nie możemy prowadzić historii chorób w komputerze? Jest taka sytuacja: jedna osoba wychodzi po dyżurze, druga ma dyżur, w związku z tym nie operuje, dwie są przy operacji. A nas siedzi tutaj, w gabinecie, piątka. Pięciu potencjalnych chirurgów, którzy mogliby na przykład wykonać jakiś zabieg albo konsultować. Ale nie! Jesteśmy zajęci, gdyż robimy wypisy i numerujemy historię chorób. Jesteśmy na jałowym biegu. Można by nas dużo lepiej spożytkować. Co my tu właściwie robimy, skoro powinniśmy być na bloku operacyjnym?

A teraz kolejna część opowieści pod tytułem organizacja pracy. U nas blok operacyjny zaczyna pracę o dziewiątej. Dlaczego tak? Bo wtedy zjawiają się anestezjolodzy. Dlaczego nie o ósmej albo ósmej trzydzieści? Może by tak wcześniej przyjść do pracy? Może nie pić kawy przez godzinę? Macie płacone koledzy od godziny pracy na bloku, a nie picia kawy. Dobra, jest dziewiąta. Startujemy. Koniec przeprowadzania operacji? O piętnastej. A dlaczego nie o siedemnastej? Dlaczego ten blok pół dnia stoi pusty? Dlaczego nie może pracować i w nocy? To jest typowe marnotrawstwo. Można by to zmienić jednym pociągnięciem pióra.

* * *

LEKARKA Z WARSZAWY:

Zawsze jest coś za coś. Ja chciałam być onkologiem i robić medycynę paliatywną, czyli opiekę nad nieuleczalnie chorymi. Była chwila, że zastanawiałam się, czy nie pójść na neurologię – poznałam bardzo fajny oddział neurologii na stażu. Jednak macierzyństwo zweryfikowało moje chęci. Nie wyobrażałam sobie takiej sytuacji, że moje życie będzie wyglądać tak jak życie w wielu rodzinach lekarskich. Dwójka rodziców pracuje na oddziałach, nie widują w ogóle swoich dzieci, chodzą z dyżuru na dyżur, a dzieci wychowuje opiekunka. Nie chciałam takiej sytuacji. Chciałam widzieć, jak się moje dzieci rozwijają, chciałam być z nimi. A mój mąż pracuje na oddziale szpitalnym na internie. Pamiętam, jakie były jego początki. Mimo że pracował do piętnastej trzydzieści, rzadko kiedy wychodził ze szpitala przed dziewiętnastą. Jak się nie ma jeszcze wprawy, pracuje się dużo wolniej.

I co pani zrobiła?

Zdecydowałam się na dziecko podczas stażu, straciłam rok. Nigdy tego nie żałowałam. Macierzyństwo wpłynęło na wybór mojej specjalizacji. Wybrałam medycynę rodzinną. Prawie nikt na to nie chce iść, bo jest uważana za specjalizację drugiej kategorii. Więc nie ma tam ludzi, którzy mają nie wiadomo jakie ambicje, nie ma profesorów, którzy wykorzystują podwładnych. Nikt nie robi doktoratu, nikt się nie wywyższa, panuje zupełnie inna atmosfera niż na innych specjalizacjach. Zostaje się normalnym lekarzem. To jest specjalizacja, która uchodzi za przyjazną dla matek. Wszyscy tu mają zupełnie inne podejście do życia. Można powiedzieć, że pozbawione ambicji, ale można też powiedzieć, że normalne.

Mówi pani, że medycyna rodzinna jest traktowana jak specjalizacja drugiej kategorii. A pani przecież myślała o onkologii, neurologii, czyli specjalnościach prestiżowych. Czy dziś nie ma w pani żalu? Spotyka się pani z kolegami z roku i co wtedy?

Żalu? Nie. To był mój świadomy wybór, moja decyzja. Podjęłam ją między innymi dlatego, że widziałam, jak pracuje mąż, jak pracują moi znajomi. Faktycznie mamy grupę kolegów ze studiów i regularnie się spotykamy raz na miesiąc, raz na dwa miesiące. Tradycyjnie każde spotkanie było od początku do końca wylewaniem żalów na system, na pacjentów, na przepracowanie, na to, jak są traktowani. Każde spotkanie wygląda dokładnie tak samo. Cieszę się, że mogę spojrzeć na nich z pewnego dystansu.

I co pani widzi?

Widzę ludzi przemęczonych, sfrustrowanych. Ludzi niezadowolonych z życia.

* * *

REZYDENTKA CHIRURGII ONKOLOGICZNEJ:

Jest taki przepis ogólny, że kobieta mająca dziecko do lat czterech nie ma obowiązku dyżurować, może odmówić dyżurowania, ale w przepisach dotyczących specjalizacji jest napisane, że każdy, niezależnie od tego, czy jest kobietą, mężczyzną, czy krasnoludkiem, musi odbyć odpowiednią liczbę godzin dyżurów w miesiącu. Ta średnia sprawia, że nie mogę sobie pozwolić na całkowite zrezygnowanie z dyżurów, bo jak skończy mi się okres ochronny, musiałabym chyba dyżurować codziennie, żeby wyrobić tę normę. Wszystkie dziewczyny, które chcą mieć dzieci w okresie szkolenia specjalizacyjnego, mają twardy orzech do zgryzienia. Mój szef w centrum onkologii powiedział, że on sobie nie wyobraża, że będę unikać dyżurów i że nauczy mnie przestrzegania tego, czego on ode mnie oczekuje.

* * *

LEKARKA RODZINNA:

Pytał pan o limity pracy? W jednej placówce medycznej można pracować maksymalnie siedem godzin i trzydzieści pięć minut. Czyli trzeba się zatrudnić w kilku placówkach. Może pan i w pięciu. Jak panu starczy dnia i sił, może pan pracować do upadłego. Wszystko jest zgodne z prawem.

* * *

ANESTEZJOLOG Z DUŻEGO MIASTA:

Duża część środowiska nie chce pracować od świtu do świtu. Uważa, że to jest złe, nie można tak funkcjonować, nie ma żadnej frajdy z tego życia. Ale niektórzy pracują dwieście pięćdziesiąt, trzysta godzin. Nawet czterysta.

Jak można przepracować czterysta godzin w miesiącu? Jak to wygląda?

Z dyżuru na dyżur, z dyżuru na dyżur. Dyżur trwa dwadzieścia cztery godziny, potem następny, następny, następny. Pięć dyżurów z rzędu? To wykonalne. Lekarka, która umarła w Białogardzie, była po siedemdziesięciodwugodzinnym dyżurze. Kobieta zmarła, a wszystko było zgodnie z prawem. Przecież nie pracowała na etacie! To znaczy, że jest sama sobie winna. Znam ludzi, którzy są na dyżurze sto godzin bez przerwy. W ten sposób można przepracować nawet więcej godzin niż ma ich miesiąc. Niestety, tak to wygląda.

„Rzecznik spółki zarządzającej szpitalem Witold Jajszczok potwierdził, że lekarka pełniła dyżur czwartą dobę, i zapewnił, że było to zgodne z zawartą umową i przepisami prawa.

– Komenda Powiatowa Policji w Białogardzie zaplanowała przesłuchanie pracowników szpitala, administracji oraz osób z najbliższego otoczenia lekarki – powiedziała w rozmowie z PAP Joanna Brzezińska z Prokuratury Rejonowej w Białogardzie. Zostanie również przeprowadzona sekcja zwłok. – Śledztwo jest na wstępnym etapie, w tej chwili wyjaśniamy okoliczności zdarzenia. W momencie, kiedy będziemy mieli komplet materiałów oraz wyniki sekcji zwłok, będziemy mogli ustalić, jakie były przyczyny śmierci. To również określi dalszy kierunek naszego postępowania – wyjaśniła.

– W związku z brakami kadrowymi, a także zamknięciem 1 sierpnia br. oddziału anestezjologii oraz intensywnej opieki medycznej, placówka w Białogardzie jest pod stałą kontrolą – powiedziała w rozmowie z PAP rzecznik prasowa zachodniopomorskiego oddziału Narodowego Funduszu Zdrowia Małgorzata Koszur. – W związku ze śmiercią lekarza w środę w trybie doraźnym do szpitala udał się zespół kontrolerów, aby na miejscu sprawdzić, czy jest zapewnione całodobowe świadczenie anestezjologiczne w zakresie położnictwa, a także prowadzenia zabiegów na chirurgii ogólnej i ginekologii – dodała".

Źródło: PAP/„Gazeta Wyborcza", 10 sierpnia 2016

* * *

LEKARZ ANESTEZJOLOG:

Po śmierci tej lekarki minister zdrowia mówił w radiowej Trójce, że jest wybór pomiędzy lekarzem zmęczonym a żadnym. Widać więc, że tworzymy Nibylandię na bardzo wysokim szczeblu. Lekarze pracujący w szpitalach na etacie mają też odrębną umowę na pełnienie dyżurów – umowę-zlecenie. To jest niezgodne z *Kodeksem pracy*, bo nie można mieć dwóch różnych umów zatrudnienia z tym samym pracodawcą. Ale państwo patrzy na to przez palce. Bo jak słusznie zauważył pan minister: „jest wybór pomiędzy lekarzem zmęczonym a żadnym".

Mamy mało lekarzy, a ponieważ mamy ich mało, będziemy coraz bardziej zwiększać obciążenie pracą. A to sprawi, że będzie ich coraz mniej. Jedni wyjadą, inni wymrą. Według badań jednej z izb lekarskich lekarze żyją dziesięć lat krócej niż średnia populacyjna. A liczbę godzin pracy można przecież łatwo ograniczyć. Zaczynasz pracę? Logujesz się w komputerze na swoim koncie lekarza, bez tego nie wypiszesz recepty, nie wypełnisz dokumentacji. Kiedy przekroczysz limit godzin, nie możesz się nigdzie zalogować. I tyle.

* * *

LEKARKA RODZINNA:

Mojemu koledze ginekologowi zapisywano pacjentki co pięć minut. Wyobraża sobie pan, jak można zbadać ginekologicznie pacjentkę w pięć minut? Przecież do tego badania musi się rozebrać. Lekarz musi z nią jeszcze porozmawiać, założyć wziernik.

A potem powinna się ubrać.

Zgadza się. Cudów nie ma, na to wszystko nie wystarczy pięć minut.

A ten kolega ginekolog nie mógł iść do dyrekcji i powiedzieć: „Stuknijcie się w głowę, przecież to jest awykonalne?”.

Oczywiście, że mógł, ale właściciel poradni nie jest lekarzem i go to nie interesuje. A kolega ma płacone od pacjenta.

* * *

LEKARZ Z MAŁEGO MIASTECZKA:

Rozmawiamy w przyszpitalnej przychodni.

Jaki jest twój rekord?

Sześćdziesięciu pacjentów.

Na ile?

Na dobę.

Siedzisz dwadzieścia cztery godziny na dyżurze?

Tak, bo dyżur jest sobotnio-niedzielny. W opiece świątecznej tak to wygląda, ciągnie się od ósmej rano do ósmej rano następnego dnia. W dzień powszedni od osiemnastej do ósmej rano.

Jak przyjedzie sześćdziesięciu, ile masz czasu na jednego pacjenta?

Pięć minut, maksymalnie dziesięć. Ale wiesz, lekarze rodzinni mają gorzej. U mnie sześćdziesięciu to rekord, u nich zdarza się to dzień w dzień.

OK, ale jednego nie rozumiem. Przecież pracujesz jako anestezjolog w szpitalu w innym mieście. O której tam zaczynasz?

Też o ósmej rano!

To jak się wyrabiasz?

Wcześniej się pryska z przychodni. Ja już o siódmej dwadzieścia pięć nie pracuję. Wiesz, jak to się nazywa?

Jak?

Zaginanie czasoprzestrzeni. Tu się skubnie, tam się skubnie, jakoś się zdąży.

Głupio?

Nie, każdy tak robi, to jest norma. Zobacz, ja pracuję w nocnej pomocy. Zaczynam o osiemnastej. Gdy przychodzę, czeka już kolejka pacjentów. Skąd oni się wzięli? Przyszli z przychodni. Do której godziny pracuje przychodnia podstawowej opieki zdrowotnej? Do osiemnastej. To znaczy, że koledzy też się urwali wcześniej.

Nie zależy im?

Nie zależy, bo POZ ma kontrakt z NFZ. Kontrakt zależy od tego, ilu ludzi zapisało się do nich. Ilu ludzi złożyło pisemną deklarację, że będą się tu leczyli. Stu? Dostają kasę za stu. Dwustu? Dostają kasę za dwustu. Ważne więc, żeby się zapisali i najlepiej, żeby nigdy nie przychodzili. No i następują kombinacje. Lekarze zaczynają łączyć swoje przychodnie w jeden POZ. Nie żeby było lepiej, ale żeby było taniej. Po co dwa budynki? Będzie jeden. Po co dwie sprzątaczki? Wystarczy jedna. Ale przecież na sprzątaczkach się nie kończy. Idziemy dalej w dziedziny mniej obojętne dla zdrowia. Pielęgniarki środowiskowe? Można coś urwać. Pielęgniarki zabiegowe? Też. I dalej prosta droga ku temu, żeby nie zlecać zbyt wielu badań, nie posyłać do specjalistów. Bo przecież lepiej, żeby pieniądze zostawały u nas. Po co szastać kasą?

* * *

LEKARZ POZ:

Powoli to przestaje przypominać medycynę, a zaczyna upodabniać się do fabryki. Pacjent to nie osoba, którą trzeba wyleczyć, ale ktoś, kto dostarcza firmie pieniądze. Trzeba przede wszystkim prowadzić księgowość, oszczędzać, zastanawiać się nie nad tym, które lekarstwo jest lepsze, ale które lekarstwo bardziej opłaca się przepisać, inaczej mówiąc: które jest tańsze. Kombinować, czy koniecznie trzeba zlecać jakieś badanie, a może jeszcze poczekać? Jeśli system nagradza takie wątpliwości, to chyba o to chodziło ustawodawcom, którzy to wymyślili.

Sektor prywatny dominuje w świadczeniu usług w podstawowej opiece zdrowotnej, opiece ambulatoryjnej, rehabilitacji, opiece długoterminowej czy leczeniu uzdrowiskowym. Jedynie leczenie szpitalne pozostaje domeną świadczeniodawców publicznych. Obserwacje wskazują, że wyższa jest rentowność i jakość świadczonych usług w tych obszarach, w których kapitał prywatny zaangażował się w rozwój danego segmentu. Oczywiście rola państwa jest i będzie istotna w zapewnieniu tak ważnej opieki szpitalnej, jednak udział sektora prywatnego (w różnych formach) wydaje się nieunikniony, tak żeby osiągnąć w krótkim okresie spodziewane efekty.

Źródło: PricewaterhouseCoopers,
Trendy w polskiej ochronie zdrowia 2017

* * *

LEKARZ
NA OSTATNIM ROKU REZYDENTURY:

Koniec rezydentury? Masz wtedy dobrze ponad trzydzieści lat. Jakoś tak to wszystko przeleciało. Nie jesteś już młody. Teraz znów masz kłopoty. Do tej pory płaciło za ciebie państwo. Czy szpital cię zatrudni za „swoje" pieniądze? Jeśli zatrudni, to pięknie. Jednak nagle uświadamiasz sobie, że być może wcale nie będziesz zarabiać dużo więcej jako specjalista. Tak jest na przykład w moim szpitalu. Dlaczego? Specjalista zgadza się na małą stawkę, byle tylko się zaczepić. No więc wracamy do punktu wyjścia. Niby jestem specjalistą, ale o ile chcę normalnie utrzymać rodzinę, i tak muszę zatrudniać się w biedronce. Znów muszę pracować od świtu do zmroku. Czy to kiedyś się kończy? Marazm, jakiś potworny marazm dopada nas w tym zawodzie. Pracuję, pracuję i widzę tylko bezsilność.

Co to jest biedronka?

To praca w tych wszystkich prywatnych przychodniach, luxmedach i innych. Tam się dorabia.

Dlaczego nazywacie to biedronkami?

Ponieważ idziemy tam po wielu godzinach pracy, zmęczeni. Jesteśmy jak te panie przy kasie, które obsługują klientów. Mechanicznie, bezosobowo, bez najmniejszej satysfakcji.

Po ośmiu godzinach pracy lekarz idzie do biedronki...

Albo do prywatnego gabinetu, jeśli jest już specjalistą. Albo na wizyty domowe, różne są możliwości dorabiania. Nawet lekarz bez specjalizacji ma jakieś opcje, na przykład teraz też powstają takie ubery dla lekarzy – homedoctor czy doktor24, coś takiego. Też się u nas reklamowali.

Uber lekarski? A to znowu co?

Ktoś zamawia w telefonie poprzez aplikację lekarza i lekarz przyjeżdża. Za wizytę proponowali na początku 80 złotych, a nawet Luxmed daje 150 złotych za wizytę domową. Biorąc pod uwagę czas dojazdu, wydatki na benzynę i wiedzę, jaką lekarz posiada, 80 złotych to nie jest dużo. Teraz już zaproponowali więcej, 130, 150 złotych, w zależności od popytu. No i tak to wygląda – jak nie uber, to biedronka.

* * *

LEKARZ PEDIATRA,
WŁAŚCICIELKA POZ W MAŁEJ MIEJSCOWOŚCI:

Proszę pana, nie ma problemu z dobrze płatną pracą dla lekarzy, nie ma problemu z tym, że ktoś ich nie będzie chciał uczyć. Jest problem z ich przerośniętym ego. Od początku kariery pracuję na wsi. Od prostego lekarza do właścicielki POZ, czyli przychodni, która ma kontrakt z NFZ. Jak pan widzi, przyzwoity budynek, gabinety, wszystko jest. Kiedy umarł mój wspólnik, zostałam sama. Pracowałam jedna. Znajomy doktor z litości wziął dwie popołudniówki w tygodniu. A bywało, że przyjmowałam po sto parę osób dziennie. Potrzebowałam pomocy. Sama szukałam młodych lekarzy. Wystarczył mi taki po stażu i po egzaminie, z prawem wykonywania zawodu. Potrzebowałam kogokolwiek. Płaciłam dobre pieniądze, ponad 80 złotych za godzinę. Dzwoniłam, dzwoniłam. Dostałam namiar na pewną panią doktor. Ktoś mi powiedział, że pochodzi z nieodległej wsi, więc na pewno będzie chciała pracować blisko rodzinnego domu, w swoich stronach. Dzwonię, grzecznie pytam, proponuję, a ona się oburza: „Chyba pani żartuje! Ja mam przyjść pracować na wieś? W żadnym razie!".

No co to jest? Ja jestem z Warszawy, a od trzydziestu lat mieszkam i pracuję na wsi! No ale rozumiem, że oni nie są stworzeni do pracy na wsi. Oni są od przechadzania się w rozwianych fartuchach po stołecznych oddziałach. Bo każdy chce być panem doktorem chodzącym w drewniakach po korytarzu, z rękami w kieszeniach, ze stetoskopem na szyi. Jak się tak idzie przez tłum w szpitalu, to dopiero ma się poczucie wielkości.

* * *

LEKARZ REZYDENT W SZPITALU W MIEŚCIE WOJEWÓDZKIM:

Albo mamy małe szpitale, które nie dają możliwości rozwoju, albo wielkie, w których rozwoju nie ma, bo jest za dużo lekarzy, a za mało pacjentów. Ale w dużym przynajmniej można walczyć o swoje. W małym można tylko utknąć do końca życia, a nie każdemu się uśmiecha życie na prowincji i granie w brydża z księdzem i prokuratorem.

* * *

DOŚWIADCZONY LEKARZ
Z MIASTA POWIATOWEGO:

Czasami POZ płaci po 100, 120 złotych za godzinę. Ale młodzi mówią: „POZ? Jaki, kurwa, POZ? Ja chcę być bogiem! Operować!".

Dlatego nie rozumiemy młodszych kolegów – oni chcieliby wszystko natychmiast. Nie ma w nich pokory. Dopiero życie jej uczy. Kiedy ci się nie uda, kiedy popełnisz błąd, kiedy coś ci nie wyjdzie. Dopiero wtedy zaczynasz poznawać ten zawód. Pewnych rzeczy nie da się przyspieszyć. A ci młodzi żyją tylko swoimi aspiracjami. „Chcę być chirurgiem!" Ile razy to się słyszy. Dlaczego nie dostrzegasz, że masz dwie lewe ręce? Aspiracje to za mało. Trzeba mieć coś do zaoferowania, a oni mają niewiele. Bo studia uczą książkowej wiedzy. Nie uczą praktyki. Mimo to żądają: „Należy nam się! Skończyliśmy trudne studia". Jasne. My też je skończyliśmy. Przychodzą od początku z bardzo różnym nastawieniem do pacjenta. Najwięcej skarg dotyczy zachowania lekarzy, a nie błędów lekarskich.

Nie mają pokory. A wie pan, co uczy najbardziej pokory? Śmierć pacjenta.

* * *

LEKARKA,
DZIAŁACZKA POROZUMIENIA REZYDENTÓW:

Mówienie, że zależy nam tylko na pieniądzach, jest bardzo krzywdzące. Bo tak naprawdę zależy nam tylko na normalnym, godnym życiu. I na tym, żeby mieć prawo wyboru tego, co chce się w życiu robić. Bo skoro zależy nam tylko na pieniądzach, to dlaczego tak wielu młodych lekarzy jest wolontariuszami? Pracują i nie dostają żadnych pieniędzy oprócz wynagrodzenia za dyżury. To są ci ludzie, którzy czekają na miejsce na swojej wymarzonej specjalizacji. Mój kolega trzy lata był wolontariuszem, bo się uparł, że będzie ginekologiem. A miejsc na ginekologii było niewiele. Żył na garnuszku rodziców, poprawiał wyniki egzaminów. I w końcu się dostał. Dużo osób pracuje za darmo i to, moim zdaniem, urąga godności człowieka. To przecież Polska, kraj, który jest członkiem UE. Stosunkowo bogaty. Rozumiem pracę za darmo jako Lekarz bez Granic, wyjechać tam, gdzie naprawdę jest taka potrzeba. Natomiast nie u nas. Dlatego też lekarze coraz częściej myślą o emigracji. Po prostu chcą żyć i pracować normalnie. Hasło naszej manifestacji „Powołaniem się nie najesz" nie wynikało z chciwości, ale właśnie z dążenia do normalności. Chcielibyśmy pracować tutaj, nie być zmuszani przez warunki życia do emigracji, szukania pracy poza Polską.

* * *

ORTOPEDA:

Jadę z kolegą na kurs do Leeds. Chodzi o zaopatrywanie złamań u dzieci. Kosztuje 600 funtów. Więcej niż miesięcznie zarabiam w szpitalu! Plus oczywiście przelot, plus hotel. Wie pan, że na miejscu będziemy spali w jednym łóżku? Tak wymyśliliśmy, żeby było taniej, ale dobra, niech już będzie. Jest śmiesznie, jest fajnie. Dobra przygoda. Jedziemy, jest OK.

Jednak sytuacja w gruncie rzeczy jest coraz bardziej żenująca i coraz bardziej smutna. Wygląda na to, że tylko nam, „pazernym lekarzom", zależy na tym, żeby się kształcić, żeby zdobywać nowe umiejętności. Ukończyłem już cykl szkoleń z ortopedii i traumatologii dziecięcej Europejskiego Towarzystwa Ortopedii i Traumatologii w Wiedniu. Rozmawiałem z innymi uczestnikami z różnych krajów. Byłem jedyny, który nie dostał na szkolenia ani grosza dofinansowania. Nawet w krajach niebogatych, jak Czechy, szpital płaci im za kurs, za hotel. Czesi tylko narzekali, że dostali nie taki hotel, jaki chcieli. Jedynie Polacy i Ukraińcy muszą płacić za wszystko sami. I to jest frustrujące. A na dodatek, żeby pojechać do tego Wiednia i uczyć się za swoje, albo muszę wykorzystać na to swój urlop, albo poprosić o urlop szkoleniowy. Jednak warunek, żebym mógł pojechać na urlop szkoleniowy poza granicę Polski, jest taki, że muszę pojechać z wystąpieniem. Z czym mam występować, skoro jadę się uczyć? I w jakiej sprawie mam występować, skoro Polska nie jest krajem, w którym medycyna stoi na najwyższym poziomie? Czyli żeby móc się czegoś nauczyć, muszę zapłacić, stracić urlop albo przedstawić dowód na to, że „występuję". No to występuję. Ta są jakieś pogadanki, prezentacje, ale uważam, że jest do dziwne, żeby nie powiedzieć: chore. W sumie często mam wrażenie, że zależy tylko nam, młodym. Kolega dostał się na kurs fundacji, która propaguje nowoczesne metody zespolenia kości. Radosny poszedł do szefa i pan profesor powiedział mu: „Nigdzie pan nie pojedzie. Bo ja nic o tym nie wiem". Następnym razem kolega wziął urlop bezpłatny i nikomu nic nie powiedział. Zrobił kurs w tajemnicy, bo lepiej się nie chwalić, że się więcej umie. Zastanawiam się nad reakcją profesora. Czy wynika z zazdrości, że pod bokiem rośnie mu konkurencja, czy z prozy życia. Raczej to drugie. Pewnie „nie było kim robić", nie miał kto wziąć dyżuru, a to są dla szefa ważne rzeczy, a nie jakieś „nowoczesne metody zespolenia kości". Żyło się bez tej nowoczesności i będzie się żyło dalej. A przynajmniej nie będzie kombinacji z grafikiem.

* * *

LEKARKA,
REZYDENTKA W DUŻYM SZPITALU
PSYCHIATRYCZNYM:

Marzyłam, żeby się tu dostać. Chciałam pomagać. Leczyć. Rozmawiać. Bo w psychiatrii najważniejsza jest rozmowa. Trudno zajrzeć do głowy pacjenta. Najważniejsze jest więc to, żeby pacjent się nie zamknął. Pierwszy obchód. Zatrzymujemy się przy pacjencie, którego poznałam już wcześniej. Schizofrenia. Facet jest absolutnie spokojny, kontaktowy, ale uważa, że ktoś go śledzi. „Chodzą za mną" i tyle. No więc zatrzymujemy się przy tym człowieku. Wszyscy w białych fartuchach, na czele pani ordynator, która ma piękne czarne włosy.

Pani ordynator zadaje pytanie:

– No i jak się pan ma?

Pacjent mówi:

– W porządku.

– Wszystko?

– No tak, tylko za mną chodzą.

Myślę, że ryzykowne wchodzić w rozmowę ze schizofrenikiem, gdy wokoło tłum ludzi. Pewnie idealnie byłoby mówić o takich sprawach w zaciszu gabinetu. Chodzi o to, żeby pacjent czuł się komfortowo, intymnie. Po co wywlekać jego stany na światło dzienne. No ale ja jestem tylko rezydentką. Patrzę więc z zaciekawieniem. Może to dobry znak, że pacjent tak się otwiera?

Pani ordynator nie ustępuje:

– Jak to chodzą?

– No chodzą.

– Kiedy ostatnio?

– Żona mnie odwiedziła, poszliśmy tu do parku na spacer i oni przez cały czas szli za mną.

Pani ordynator zaczyna się irytować:

– Widział pan?

– No zdawało mi się…

Ordynator buja się w przód i w tył na obcasach. Zarzuca te długie włosy to na czoło, to na plecy i krzyczy:

– To bez sensu, nikt przecież nie chodzi!

Pacjent przerażony, wszyscy wokoło przerażeni, a ona się drze. Myślę: „O cholera, to musi być jakaś nowa rewolucyjna metoda. Działanie szokiem. Coś ekstra. Nigdy nie słyszałam o czymś takim… Niesamowite… Jak to się skończy?!".

I jak się skończyło? Ona zrobiła mu dziką awanturę i poszła sobie. Nie było w tym żadnej metody. Ona tylko miała zły dzień. Pacjent zaczął się zamykać. Młoda dziewczyna po podobnej „sesji" kilka dni później zwyczajnie uciekła ze szpitala. Taki był mój pierwszy kontakt z wymarzonym szpitalem, w którym chciałam pracować od zawsze, i z wymarzoną specjalizacją.

W 2015 roku Rzecznicy Praw Pacjenta Szpitala Psychiatrycznego podjęli ogółem 2335 spraw z własnej inicjatywy. Wśród nich można wyróżnić interwencje podejmowane w odniesieniu do pacjentów:

1) wobec których zastosowano przymus bezpośredni (365),
2) przyjętych do szpitala psychiatrycznego bez zgody (279),
3) małoletnich (185),
4) przebywających w szpitalu na mocy orzeczenia sądowego o zastosowaniu środka zabezpieczającego (115),
5) niezdolnych do wyrażania zgody lub stosunku do przyjęcia albo leczenia (27).

PRZYKŁADY NARUSZEŃ:
Nieodpowiednie wyposażenie sanitariatów (brak mydła, papieru toaletowego, ręczników papierowych).

Przebywanie przez pacjentów na tak zwanych dostawkach, materacach.

Nieformalne izolowanie pacjentów w salach obserwacyjnych przy izbie przyjęć.

Stosowanie przymusu bezpośredniego w formie unieruchomienia w pomieszczeniach wieloosobowych, brak parawanów oddzielających unieruchomionego pacjenta od innych osób.

Zwracanie się do pacjentów po imieniu przez personel, pomijanie zwrotów grzecznościowych.

Podawanie pacjentom rozpuszczonych bądź kruszonych leków.

Ujawnienie pracodawcy – wbrew woli pacjenta – informacji o pobycie w szpitalu psychiatrycznym.

Źródło: Rzecznik Praw Pacjenta,
sprawozdanie za 2015 rok

DZIENNIK SANITARIUSZA

Południe. Cały szpital zapadł w jakiś stupor. Dlaczego? Może przez windy? Do przewożenia łóżek i wózków nadają się tylko dwie. A jedna już ledwo zipie. Wysmagana tysiącem uderzeń metalu o metal – łóżka, wózki, butle z tlenem, kotły z obiadem, nosze ze zwłokami, ekipy remontowe ze sprzętem. Drzwi się nie chcą domykać, winda nie rusza, robią się korki.

Tą windą muszę zwieźć pacjentkę z najwyższego, piątego, piętra na parter, na badanie RTG. Najgorszy wariant, bo winda do mnie nie dojeżdża. Przechwytują ją inne oddziały.

Czekamy na windę. Pięć, dziesięć, dwadzieścia minut. Ona siedzi na wózku, spokojnie, jakby skulona w sobie.

– Musimy czekać.

– Wiem.

– Wszystko dobrze?

Macha, żebym się przysunął:

– Boję się trochę wind, że się zatniemy…

O, cholera.

– Nie, będzie dobrze. One się nie zacinają, one tylko czasem nie chcą ruszyć, ale między piętrami nie stają nigdy...

– Tak?

Nie wierzy mi w to idiotyczne tłumaczenie, ale inaczej niż kłamstwem i tak jej nie pomogę.

W końcu winda nadjeżdża. Załadowana kotłami z żarciem, z jednym wózkiem w środku.

– Zmieszczę się?

Kucharka łypie na mnie, ale sanitariusz rozumie położenie.

– Mieścisz się.

– Zero.

– Ja też na zero.

OK, obaj na badania. Metal o metal, wbijam wózek na styk między kotły a ścianę windy. Kobieta robi się blada.

– Musiałem tak, przepraszam.

Drzwi nie chcą się domknąć. Przesuwne skrzydła trzeba dopchnąć do siebie. Jeśli się przyjrzeć, widać dziesiątki odcisków dłoni sanitariuszy, którzy od rana ręcznie domykali drzwi. Aleja sław, nasze Hollywood.

Ruszamy. Na czwartym piętrze stop.

W drzwiach łóżko z pacjentem:

– Przepraszamy, blok!

Ku..., jadą na blok operacyjny. Wyrywam mój wózek z pacjentką. Wychodzimy tyłem. Za mną kuchara z kotłami. Za nią sanitariusz. Do windy wjeżdża łóżko. Też się naczekali.

– Piętnaście minut! Zabiją nas na bloku. Miał operować profesor! Puśćcie nam windę...

– Nie ma sprawy!

Na tym polega stan stuporu. Ratowanie życia, planowe operacje z udziałem profesorów, kosztowne badania – wszystko stanęło, bo w jednej z wind od tygodni nie domykają się drzwi.

* * *

DOŚWIADCZONY LEKARZ
Z WARSZAWY:

System rekrutowania specjalizacji jest zły z założenia. To jest taki konkurs świadectw, ale z podziałem na województwa. A więc tak naprawdę szesnaście konkursów świadectw. Jedna osoba może kandydować tylko do jednego województwa. I to jest bez sensu. Bo na daną specjalizację człowiek się nie dostanie w Warszawie, ale w Zielonej Górze miałby szansę. Tyle że tak się w naszym systemie nie da. Bywa więc, że człowiek w Warszawie zostaje na lodzie, a w Zielonej Górze nie zgłasza się nikt. Bez sensu! Moja znajoma wyemigrowała do Hiszpanii, postanowiła, że zostanie tam lekarzem rodzinnym. System podobny, ale ogólnokrajowy. Czyli chcesz być onkologiem? Bardzo dobrze. Nie ma dla ciebie miejsca w Madrycie, ale jest w Maladze. Jeśli naprawdę chcesz być onkologiem, a nie onkologiem zamieszkałym w Madrycie, pakujesz walizkę i jedziesz. Proste. W ten sposób nie ma problemu niewykorzystanych miejsc szkoleniowych z jakiejś tam specjalizacji w Hiszpanii, zaś w Polsce się to zdarza.

* * *

REZYDENTKA CHIRURGII:

Kiedy szukałam miejsca na rezydenturze, to z interesujących mnie specjalności było: okulistyka zero miejsc, chirurgia dziecięca jedno.

Musiałam czekać pół roku do następnego „okienka", kiedy są rozdzielane rezydentury, albo szukać specjalizacji, która mi nie odpowiada. Dobrze, myślę, poczekam. Tak zostałam bezrobotną, z prawem do zasiłku, chyba 400 złotych miesięcznie. Głupie uczucie, bo zawsze myślałam, że taki los czeka osoby, które nie inwestowały w swoją przyszłość. Nie spędzały, tak jak ja, całego życia przy biurku z książkami. Bo wie pan, na medycynę pracuje się całe życie – najpierw, żeby się dostać na studia, potem, żeby je skończyć. Zawsze, odkąd pamiętam, byłam najlepsza. W podstawówce miałam najlepszą średnią, pisałam olimpiady, poszłam do cholernie ciężkiego liceum i tam już przeszłam prawdziwą szkołę życia. Myślałam, że spotka mnie nagroda, że będę miała dobrą pracę, przyzwoite życie, a tu nie. Musisz się zarejestrować w „bidzie", zostać bezrobotną. Pomyślałam: „Jakoś przeżyję!". Tymczasem okazało się, że, niestety, zaszłam w ciążę.

Niestety?

Niestety, bo w takiej sytuacji człowiek jest zestresowany sytuacją: jestem bezrobotna, nie mam prawa do żadnych świadczeń typu urlop macierzyński, teraz już na pewno nikt mnie nie zatrudni na etat. Ale czekałam do kolejnego rozdania rezydentur. Loteria. Tym razem było tak: trzy miejsca na chirurgię ogólną, dwadzieścia na anestezjologię. Zaczęłam się zastanawiać, czy nie zmienić pomysłu na siebie. Chirurgia ogólna wydała się lepszym pomysłem, bo dawała więcej perspektyw. Można pracować w poradni, bo tych poradni jest więcej, można pracować na oddziale, tych oddziałów jest więcej. Zawsze coś można wykombinować. I złożyłam papiery na chirurgię ogólną.

Mówią, że chirurgia nie jest dla kobiet.

Mówią, że kobieta chirurg to jak świnka morska – ani świnka, ani morska. (*śmiech*) Chodzi o możliwości fizyczne. Dlatego najpierw myślałam o chirurgii dziecięcej, bo tam niby jest lżej. Myślałam tak do czasu, gdy musiałam z jednym z lekarzy nastawiać dziecku złamanie. Nie miałam siły, żeby utrzymać złamaną kończynę tak, aby lekarz był w stanie naciągnąć wszystko jak trzeba. Razem z leżanką, dzieckiem i mną przeciągnął nas parę metrów po sali, w której nastawialiśmy złamanie. Pomyślałam, że skoro nie mam siły na chirurgię dziecięcą, to mogę równie dobrze jej nie mieć na chirurgii ogólnej. Znalazłam miejsce, ordynator – o dziwo! – chciał przyjąć kobietę.

Z tym, że była pani w ciąży...
Jak tu się zatrudnić?

Wiedziałam, że będę musiała się do tego prędzej czy później przyznać. Powiedziałam od razu, jak jest. Ordynator na to, że przemyśli sprawę. Tydzień później zadzwonił, że, niestety, im chodzi o kogoś, kto jest w stanie pracować na sto procent, a nie o kogoś, kto zaraz pójdzie na macierzyński. Miał rację.

To kiedy macie rodzić dzieci?

Nie ma takiej możliwości, żeby rodzić i pracować normalnie na oddziale. Co mam więc robić? Czekać kolejne pół roku na bezrobociu? Dałam rozpaczliwe ogłoszenie na forum lekarskim: „Lekarz bez specjalizacji, odpowiem na każdą ofertę. Mazowsze".

Zaczęli dzwonić ludzie z jakichś wiosek pod Warszawą, sto, dwieście kilometrów od stolicy. Dziury zabite dechami. Nie bardzo chciałam wyjeżdżać z mojego miasta. Dość duże, kiedyś wojewódzkie, wygodne do życia. Na szczęście znalazła się oferta tutaj, w przychodni POZ. Pytają, ile chcę zarabiać. Ile dacie! Wydawało mi się wtedy, że dostałam bardzo dobrą stawkę. Potem okazało się, że miałam najniższą z możliwych. Jak ktoś nie wie, to mu się wciska kit.

Ile ta stawka wynosiła?

Czterdzieści złotych za godzinę, na działalności gospodarczej. Dwa razy w tygodniu po trzy–cztery godziny. Po odliczeniu wszystkich składek, ZUS-ów, podatków – niewiele z tego zostało. Ale przynajmniej była praca. Mogłam przeczekać do kolejnego rozdania.

* * *

UROLOG
TUŻ PRZY KOŃCU SPECJALIZACJI:

Spotykamy się w szpitalu podczas nocnego dyżuru. Jest jedynym lekarzem na oddziale. Ma opinię bardzo zdolnego. Będzie niebawem uznanym specjalistą. Na ścianie gabinetu plakat z roznegliżowanymi dziewczynami wycięty z kolorowego pisma.

A to?

(*śmiech*) To nasze wdzięczne pacjentki.

Co chwilę dzwoni telefon z dołu, z izby przyjęć. Czeka tam pacjentka z ostrym bólem nerki. Lekarze proszą urologa o konsultację.

– Tak, tak. Za chwilę przyjdę. Niech sobie leży na razie.

Urolog odkłada słuchawkę.
– Zrobić panu kawę? – pyta.

Chętnie.

Może być rozpuszczalna? Starsi koledzy uważają, że ekspres nam niepotrzebny. Tak sobie żyjemy. Proszę siadać. Zaraz porozmawiamy. A wie pan, że są bezrobotni lekarze?

Nie ma bezrobotnych i biednych lekarzy.

Zasadniczo ma pan rację, ale widzę, że koledzy, z którymi rozmawiał pan przede mną, nie powiedzieli panu o najpopularniejszym manewrze.

Pan mi powie?

Jasne. Po stażu w szpitalu trzeba rozpocząć specjalizację. To znaczy szukać miejsca na rezydenturze, opłacanej przez ministerstwo albo szpital, który chce dać etat i kształcić specjalistę. Jednak między stażem a kolejnym krokiem jest małe okienko czasowe, zanim się dostanie pełne prawo wykonywania zawodu. I w tym momencie wszyscy się rejestrujemy jako osoba bezrobotna w urzędzie pracy na jeden miesiąc. Proszę sprawdzić, w pośredniakach doskonale znają młodych lekarzy. A więc rejestrujemy się jako bezrobotni, a po miesiącu sami znajdujemy sobie zatrudnienie, czy to na rezydenturze, czy na etacie. Wówczas dostajemy dodatek aktywizacyjny w wysokości około 1100 złotych.

Czyli wszyscy rejestrują się, żeby wyszarpać 1100 złotych?

Dokładnie! Wszyscy studenci medycyny to wiedzą. I każdy, kto kończy staż podyplomowy, wie, że ma biec do urzędu pracy zarejestrować się jako bezrobotny na jeden miesiąc po to, żeby dostać ten dodatek aktywizacyjny.

* * *

REZYDENTKA CHIRURGII:

No cóż, poszłam do urzędu dla bezrobotnych się zarejestrować. Po co? Choćby po to, żeby mieć ubezpieczenie zdrowotne na czas, kiedy nie będę pracować. Wiem, jakie to jest ważne, wiem, ile może kosztować hospitalizacja. Siedzę więc w kolejce w tym pośredniaku, wszyscy są tu któryś raz, tylko ja jestem nowa. „A pani to kim jest?" – pytają mnie. Myślę sobie: „Jezu, jak powiem, że jestem lekarzem i przychodzę po zasiłek, to mnie zjedzą". Skłamałam, że jestem pielęgniarką. I tak mnie zjedli. Ale warto było iść. Mina pani urzędniczki, której musiałam się przyznać do mojego prawdziwego zawodu, bezcenna. I komentarz: „Jak to, lekarz i nie ma pracy?".

* * *

REZYDENT ANESTEZJOLOGII:

Zarejestrowałem się jako bezrobotny jak wszyscy, ale nie było żadnego dobrego miejsca szkoleniowego. Zastanawiałem się, co robić. Nie chciałem pójść do złego szpitala. Czas szybko leciał i okazało się, że już drugi miesiąc jestem na bezrobociu. Trochę smutno, bo moi rodzice nie mogli uwierzyć, że człowiek wykształcony, po studiach, bierze zasiłek.

* * *

LEKARZ INTERNISTA:

Interniści są pariasami w tym zawodzie. Ciekawe, ilu w tym roku będzie chętnych na internę. Podejrzewam, że niewielu. Już słyszę lamenty, że nie ma miejsc na okulistyce, dermatologii, neurochirurgii, kardiochirurgii. Czyli na specjalizacjach, gdzie jest kasa.

* * *

LEKARZ STAŻYSTA:

Czeka się dwa lata w kolejce do endokrynologa, a jest jedno miejsce na województwo na tę specjalizację. O co chodzi? Nikt nie widzi tych kolejek? Czy może koledzy z endokrynologii nie chcą sobie robić konkurencji? Osobiście stawiam na tę drugą opcję. No bo po co dopuszczać kogoś do koryta.

Ale widać też jakieś kompletne lekceważenie rzeczywistości. Spójrzmy na specjalizację o nazwie geriatria. Z tego, co wszyscy wiemy, nasze społeczeństwo będzie się starzeć. Będzie lawinowo chorować. Znamy statystki – wyże, niże, wszystko jest opisane. No ale nie mamy lekarzy geriatrów. Ilu ich jest? Trzystu pięćdziesięciu w całej Polsce! No to kształćmy ich! Otwierajmy rezydentury, łatajmy ten deficyt, który za chwilę będzie naprawdę potężny. Niestety, nie ma miejsc na rezydenturach. Dlaczego? Jest za mało specjalistów, którzy mogliby uczyć kolejnych. No ale jakoś nikt nie bije na alarm. A więc jesteśmy błyskawicznie starzejącym się społeczeństwem, którego za chwilę nie będzie miał kto leczyć. Wszyscy to wiedzą. Będą powstać jak grzyby po deszczu prywatne zakłady opieki dla osób starszych. To będzie wielki biznes. Ale Ministerstwa Zdrowia jakoś to nie rusza.

Liczba geriatrów w Polsce znacznie odbiega od średniej europejskiej: w połowie 2014 roku było jedynie 321 geriatrów, czyli średnio 0,8 geriatry na 100 tysięcy mieszkańców. Tymczasem w Niemczech wskaźnik ten wynosi 2,2; w Czechach 2,1; na Słowacji 3,1; a w Szwecji blisko 8.

Źródło: Rzecznik Praw Pacjenta, sprawozdanie za 2015 rok

Liczba osób w wieku 65+ w Polsce wzrośnie w ciągu najbliższych dwudziestu lat o mniej więcej 3 miliony, czyli do 8,5 miliona osób. Rosnący popyt na usługi opieki długoterminowej to trend w każdym starzejącym się społeczeństwie na świecie, jednakże w Polsce należy się spodziewać szczególnie dynamicznego wzrostu (około 6 procent rocznie). Czynniki, jakie na to wpływają, to między innymi większa liczba zachorowań na choroby przewlekłe, zmiana modelu rodziny oraz rosnąca liczba domowych gospodarstw jednoosobowych. Szansą w tej sytuacji jest również wykorzystanie potencjału pacjentów zagranicznych. Dużo niższe ceny, dobra jakość oraz nowe inwestycje powodują, że Polska może stać się „zagłębiem" dla emerytów Europy.

Źródło: PricewaterhouseCoopers,
Trendy w polskiej ochronie zdrowia 2017

* * *

LEKARZ,
CZŁONEK WŁADZ OKRĘGOWEJ IZBY LEKARSKIEJ:

Najtrudniej chyba być internistą. Ich pieniądze to jakieś 6 tysięcy złotych brutto miesięcznie. Wtedy do końca życia trzeba dyżurować, żeby jakoś wyjść na swoje. O internistach mówią: plebs. Tak samo mówili kiedyś o pediatrach. Dlaczego młodzi chcą masowo być anestezjologami? Bo tu skok finansowy jest ogromny. Etaty anestezjologów to 15–20 tysięcy złotych. Oczywiście dochodzą do tego dyżury, no bo kto zrezygnuje z dyżurów. Chirurg zarabia około 15 tysięcy. Kardiochirurg – 35 tysięcy. Neurochirurg – 45 tysięcy.

Na górze jest już naprawdę wielka kasa. Ordynator szpitala w mieście wojewódzkim niemal co roku zmienia auto – Audi na Audi. Dlaczego znów na Audi? Marzy o Porsche, stać go, ale boi się, co ludzie powiedzą.

A widział ktoś lekarza medycyny estetycznej w szpitalu? Przecież nie chcą być lekarzami medycyny estetycznej, żeby pracować w szpitalu! Chcą się jak najszybciej urwać do prywatnych klinik i pracować za ciężkie pieniądze.

* * *

LEKARZ ZE SZPITALA POWIATOWEGO:

Wystarczy iść pod klinikę i zobaczyć, czym jeżdżą jej szefowie, profesorowie chirurgii. To jest inny wymiar, ale chyba nie wypada zazdrościć, skoro doszli do tego własną pracą. Nie zazdroszczę, jednak myślę, co zrobić, żebym jeździł takim.

* * *

ANESTEZJOLOG:

Od razu widać, co jest grane. Wystarczy tylko trochę doświadczenia. Czasami mnie poganiają: „Szybko, szybko, panie doktorze, jeszcze zdążymy jednego zoperować. O, już jedzie. A ten pacjent, doktorze, coś za wolno się budzi. Bo drugi już czeka za drzwiami. Panie doktorze!".

Tak to jest?
Czasami tak. A czasami: „Aaa, już jedenasta trzydzieści? No to chyba nie ma sensu o tej porze zaczynać operacji. Co, panowie?". Jak dla mnie OK, jeśli nie chcecie, to nie zmuszę was do pracy. Ja jestem gotowy do roboty, jakby co.

A od czego to zależy, że raz się przyspiesza, a raz zwalnia?
Wiadomo, jak ma pan swojego pacjenta, to chciałby go pan dobrze obsłużyć. A jak pacjent jest niczyj, to może poczekać do jutra. Tak więc lepiej być czyimś pacjentem. Moja rada – gdyby pan kiedyś potrzebował pomocy lekarskiej, to zawsze na początek dobrze pójść prywatnie do gabinetu, pokłonić się komuś. U nas profesor bierze 400 złotych za wizytę. To nie są jakieś kosmiczne pieniądze, do wytrzymania. Zwłaszcza jeśli otwierają szpitalne drzwi.

* * *

LEKARZ
Z MIASTA WOJEWÓDZKIEGO:

Profesor zarabia ponad milion złotych rocznie w prywatnej klinice. On już w ogóle nie musi zarabiać w szpitalu. Chirurdzy? Od ósmej do piętnastej operują, od piętnastej do dwudziestej przyjmują w prywatnych gabinetach. Przyjmują, a potem w szpitalu operują tych, którzy zgłosili się do nich do gabinetu. Zawsze są jakieś wolne łóżka, zawsze można coś wykombinować. Profesor diabetologii też pana położy na oddział, ale najpierw przyjmie pana prywatnie. Był szpital w Łodzi, który nie miał kontraktu w NFZ. Mimo to przyjmował porody. Dlaczego? Bo to nagłe porody, za które NFZ i tak musi zwracać. I tak oto w Łodzi był największy odsetek na świecie nagłych porodów.

* * *

CHIRURG:

Zwróćmy uwagę na inny problem. Dajmy na to, mamy świetnego neurochirurga, który jest, niestety, łapówkarzem. I co teraz? Możemy mu odebrać prawo wykonywania zawodu, ale z drugiej strony nikt tak dobrze nie operuje, jak on. Co jest lepsze z punktu widzenia człowieka? Czy jest lepszy gorszy lekarz, ale uczciwy, czy łapówkarz, ale doskonały? Zapewne, gdyby chodziło o kogoś z pana rodziny, wolałby pan łapówkarza, ale z talentem.

* * *

LEKARZ
PRACUJĄCY W DUŻYM MIEŚCIE:

Nie popadajmy w skrajność z tymi zarobkami lekarzy. Lekarze mają prywatne gabinety. Wizyta kosztuje stówkę. Jak przyjmie czterech pacjentów na godzinę, będzie miał 400 złotych. Jeśli popracuje dwieście godzin w miesiącu... Ludziom zaraz uruchamiają się kalkulatory w głowach. Ale tak to nie działa. Czasami nikt nie przyjdzie do prywatnego gabinetu, nikt nie przyjmuje w prywatnym gabinecie przez dwieście godzin w miesiącu. Co oczywiście nie oznacza, że nie warto mieć prywatnego gabinetu.

* * *

LEKARZ REZYDENT:

Ten system potrzebuje niewolników, czyli stażystów, lekarzy w trakcie specjalizacji, żeby to jakoś funkcjonowało, żeby się nie zawaliło. Jak piramida finansowa – zawsze na dole jest ktoś, kto musi wykonywać najczarniejszą robotę. Nawet jeśli mamy światowej sławy profesora, to ktoś musi mu asystować, ktoś musi jego pacjentów przyjąć i opisać. Nie płaci ci za to? Ale przecież płaci ci iluzją, że tu masz prestiż, bo pracujesz w wielkiej klinice, tutaj możesz nosić teczkę za sławą i nie bądź taki wyrywny, bo możesz popatrzeć, jak ja operuję. A kiedyś, jak będziesz grzeczny, to będziesz taki jak ja. Reglamentuje się normalność, robi się z niej trudno dostępny towar. Po to, żeby każdy chętnie był niewolnikiem z nadzieją na awans. To wymaga dużo cierpliwości i schylania głowy. Nie wszyscy chcą to robić. A tych system nie lubi. Jeśli się buntujesz, możesz usłyszeć, że jesteś bezczelny, że kiedyś było jeszcze gorzej. I jeszcze tysiące zgranych argumentów, którymi nas karmią od lat.

* * *

MŁODY LEKARZ,
REZYDENT PSYCHIATRII:

Opowiem panu o mojej rozmowie z panią pediatrą z trzydziestoletnim stażem.

– No może nie najlepiej zarabiam – mówi mi.

– A ile? – pytam.

– Dwa tysiące pięćset złotych, ale z koleżankami dzielimy się dyżurami i jakoś wychodzę na swoje. Są braki kadrowe, więc dyżurów jest sporo. I dyrektor jest dla nas taki miły. A wielu innych lekarzy ciągle narzeka, że on krzyczy, a na nas nie, bo zostałyśmy tutaj same z trzema koleżankami, no to jesteśmy potrzebne. A poza tym dużo robimy dla oddziału.

– Co robicie jeszcze dla oddziału? – dopytuję.

– Na przykład załatwiłyśmy sponsorów, żeby kupili komputery czy krzesła. Poza tym z mężem remontowaliśmy razem oddział. I dyrektor to docenia, dziękował nam za to.

To jest opowieść o poziomie niewolnictwa, z którym mamy do czynienia wśród lekarzy.

DZIENNIK SANITARIUSZA

Popołudnie. Odwożę pacjentkę do wyjścia.

– Dziękuję, proszę wracać do zdrowia, do widzenia.

Siostra wypada zza kontuaru:

– Który dzień w pracy?

– Trzeci.

– Aha, niedługo ci przejdzie.

Zastanawiam się kiedy... Ile trzeba czasu, żeby wpaść w otępienie, przestać współczuć? Przecież wokoło mnie nie ma złych ludzi. Tylko oni wpadają w jakąś matnię. Ale jaką? Zmęczenie? Przyzwyczajenie? Znużenie? Nadmiar pracy? Niedomiar pieniędzy?

Dzień mija.

Wieziemy właśnie na łóżku staruszkę. Raczej bez kontaktu. Oczy czarne, szklane kulki. Półotwarte usta. Rurka z tlenem.

Ludzi bez kontaktu jakoś podświadomie traktuje się inaczej. Bardziej przedmiotowo.

Zatrzymujemy się przy USG. Kolega idzie rejestrować badanie. To ja usiądę na kozetce. Jak dobrze… Koło trzynastej nogi mi zupełnie wysiadają. Jak można siedzieć, to trzeba siedzieć.

Nagle ona zaczyna machać ręką. Macha? Chyba macha… Niemożliwe, jest bez kontaktu. No kurde macha! Trzeba wstać… Może tak tylko się jej machnęło. Nie, trzeba wstać…

Pochylam się nad nią.

– Tak, proszę pani?

– Proszę pana, oparł mi pan butlę na nogach. Bardzo mi ciężko.

* * *

LEKARZ REZYDENT:

Ktoś chce zostać kardiochirurgiem. Jako rezydent nie wychodzi z pracy przed dwudziestą. Dyrektor nie płaci za nadgodziny, bo uważa, że jeśli pracujesz dobrze, to nie potrzebujesz nadgodzin, a jeśli się nie wyrabiasz, to jest twój kłopot. Logiczne? Logiczne. I teraz jest problem, co zrobić w takiej sytuacji, czy zaniedbywać pacjentów, czy dokumentację. Prawidłowa odpowiedź brzmi: zaniedbywać pacjenta. Bo tak naprawdę nikogo nie obchodzą wyniki leczenia, ważne jest, czy papiery się zgadzają, czy dokumentacja jest prawidłowo wypełniona. Raz na jakiś czas odbywają się w szpitalu spektakle. Wyczytuje się osoby, które mają najwięcej zaległej dokumentacji.

Jak w szkole. Tak po Gombrowiczowsku tych ludzi się upupia, odbiera się poczucie własnej wartości i godności.

* * *

LEKARKA
– PSYCHIATRA Z DUŻEGO SZPITALA:

Kiedy przyszłam do mojego szpitala psychiatrycznego do pracy, to było potężne uderzenie. Staż przechodziłam w „normalnym" szpitalu wielospecjalistycznym. Na każdym oddziale profesor, który miał wiele lat doświadczenia, był mądry i pisał do różnych pism artykuły albo książki. Niżej byli adiunkci, też mądrzy, tacy naukowi. Naturalna gradacja od profesora do najmłodszych. Przeszłam przez cały staż. Ale chciałam być psychiatrą, więc poszłam na specjalizację do szpitala psychiatrycznego. I nagle zrozumiałam, że jestem wyjątkiem, bo większość lekarzy wokół mnie to psychiatrzy z przypadku. Szok, bo duża część kolegów jest po tak zwanych firmach. Czyli kończyli studia w latach dziewięćdziesiątych i często nawet nie szli na staż, tylko od razu zatrudniali się w firmach medycznych: sprzedawali sprzęt, promowali lekarstwa – wszystko za wielką kasę. Wybudowali sobie domy, pokupowali luksusowe apartamenty, samochody, dacze. Ale później przyszedł krach. Skończyły się wielkie i łatwe pieniądze, nie było tak różowo. A i oni się zestarzeli, a żeby być przedstawicielem medycznym, trzeba być młodym, pięknym, atrakcyjnym, elokwentnym. Zaczęli mieć kłopoty w pracy. Odchodzili albo firmy ich wyrzucały. Co tu dalej robić? Może wrócić do zawodu? Dobra, idziemy na trzynastomiesięczny staż jako wolontariusze. OK, jeszcze tylko egzamin lekarski. Jest! Co dalej? Trzeba wybrać jakąś specjalizację. Co by tu wybrać? O, psychiatria. To w ogóle jest medycyna? Jeśli jest, to prosta, banalna! Nagle zrozumiałam, że jestem otoczona takimi ludźmi. Oni są zniszczeni przez korporacje. Korporacja zmienia człowieka. Są usztywnieni, w korporacji wszystko robi się na akord, na wynik, na sukces. A tu jest szpital! Tutaj się pomaga ludziom. Jednak oni są głową ciągle w korporacji, chcą robić na akord i są „zorientowani na sukces". Oni są „specjalistami" i mam się od nich uczyć! Czego? Nie wiem, czy od nich można nauczyć się czegokolwiek.

Ale jest jeszcze druga grupa lekarzy. To są lekarze chorzy psychicznie. Niektórzy zresztą byli leczeni w naszym szpitalu, a dziś sami w nim leczą. I w tym trzeba się odnaleźć. Trzeba z nimi pracować. Ale najlepszy numer to ci, którzy zaczynali w korporacjach, potem leczyli się psychiatrycznie, a teraz są specjalistami na oddziale. Proszę się nie śmiać, ja mówię serio!

Przepraszam, ale nie mogę...

Ale co jest śmieszne?

Trudno mi sobie wyobrazić, że ktoś chory psychicznie może wyleczyć kogoś chorego psychicznie!

Błąd. Chory psychicznie lepiej zrozumie drugiego chorego psychicznie, wie, co może się dziać w głowie pacjenta.

* * *

LEKARZ STAŻYSTA:

Rozmawiałem z kolegami. Jako stażysta narzekam, że starsi koledzy nie bardzo chcą mnie uczyć. Znajomi, którzy są rezydentami, śmieją się: „Zobaczysz, jak jest na rezydenturze. Tutaj dopiero jest problem. Lekarze – specjaliści wiedzą, że jesteś ich bezpośrednią konkurencją. Ucząc ciebie, podcinają gałąź, na której siedzą".

* * *

PSYCHIATRA:

Zależy, jak się trafi. Są miejsca, gdzie zaraz po stażu dostajesz pacjenta i masz go leczyć. Tylko że pomoc starszych jest taka sobie średnia. Ale są oddziały, gdzie rezydenci nie robią nic. Siedzą, patrzą, robią za skrybę, pisząc wywiady. Ordynator rozmawia z pacjentem, a młodszy lekarz siedzi i pisze. Nie ma nic do powiedzenia, jeżeli chodzi o leczenie.

Wszystko zależy od osobowości ordynatora – czy jest bardziej lękliwy, czy mniej. Jedna skrajność to non stop kontrola, najlepiej nic nie rób, nie dotykaj! Druga – totalny luz, rób, co chcesz.

Ja zaczynałam na oddziale, gdzie nie mogłam zrobić nic. Nawet zobaczyć, jak rozmawia się z pacjentem agresywnym. Pani ordynator zabierała takich do gabinetu, nie pozwalała mi być przy rozmowie. W końcu zrobiłam awanturę. Bo przecież muszę się tego nauczyć, w końcu lepiej, żeby ktoś ci to pokazał, bo potem będę musiała dochodzić do tego sama. Ale gdzie tam! Przez dziewięć miesięcy nie wiedziałam, co mam dalej ze sobą zrobić. A potem zostałam przerzucona na oddział, gdzie miałam robić wszystko sama. Tam dla odmiany nie wiedziałam, od czego zacząć, bo nie bardzo byłam przygotowana do samodzielnej pracy. No więc musiałam się jakoś sama nauczyć.

* * *

LEKARZ UROLOG (CD.):

Mówiłem panu o 1100 złotych, jakie dostałem z urzędu pracy. Wie pan, na co wydałem? Na ubezpieczenie OC. Ubezpieczenie OC było mi potrzebne, żebym mógł pracować w szpitalu za darmo. Starałem się o rezydenturę, ale jej nie dostałem. Co miałem robić? Poprosiłem o przyjęcie na wolontariat. Czyli poprosiłem, żebym mógł tu przychodzić i pracować za darmo. Liczyłem, że w końcu się zwolni jakieś miejsce szkoleniowe. Zwolniło się rzeczywiści i jako wolontariusz zacząłem specjalizację – czyli znów pracowałem za darmo. To jest jakaś forma niewolnictwa i wolontariat powinien być zakazany, ale dla mnie to była jedyna możliwość. Pracowałem więc bez pieniędzy, płacono mi tylko za dyżury, a na początku musiałem wręcz dopłacić, czyli wykupić sobie ubezpieczenie OC. Inaczej by mnie nie przyjęto. Za darmo pracowałem tutaj przez półtora roku. Żeby mieć za co żyć, zatrudniłem się na jedną czwartą etatu w pobliskiej przychodni jako lekarz pierwszego kontaktu.

Ile czasu zajmowała panu praca?

Na wolontariacie przychodziłem rano do pracy. Potem trzy razy w tygodniu od piętnastej do dwudziestej przyjmowałem w przychodni. Po dwóch miesiącach zacząłem dostawać w szpitalu dyżury. Wychodziło mi około trzystu godzin pracy miesięcznie. Na wolontariacie nie miałem otwartej specjalizacji, ale wszyscy wiedzieli, że mi na tym zależy. Czekałem, aż zwolni się miejsce specjalizacyjne. Wtedy mógłbym zacząć specjalizację, ale bez etatu. W końcu kolega zmienił miejsce pracy. Miałem szczęście. Wskoczyłem i na etat, i na specjalizację. Po półtora roku pracy na wolontariacie. Ciężko pracowałem, żeby być tu, gdzie teraz jestem. Ale ja naprawdę chciałem być urologiem, zrobiłem wszystko, żeby być urologiem i będę urologiem. Jestem urologiem nie z przypadku, ale z wyboru. Mój ojciec jest też lekarzem tej specjalności, zresztą bardzo znanym. No ale oczywiście nie mieliśmy takiego zamiaru, żeby mi coś załatwiał, przyjmował na swój oddział.

Jest pan chyba pierwszą osobą, która mi powiedziała: jestem na specjalizacji, na której chciałem być.

Poszedłem w ślady ojca. I bardzo się cieszę, że nie zatrudnił mnie w swojej klinice, że zapracowałem na to wszystko sam. Nikt nie może mi zarzucić nepotyzmu. Ale gdyby nie trochę szczęścia, gdyby nie zwolnił się etat, tkwiłbym nadal na wolontariacie, bo to jest specjalizacja, którą chciałem zrobić.

(*pukanie do drzwi, wchodzi lekarz z SOR*)

– O, bardzo przepraszam, panie doktorze, pan zajęty...

– Nie, nie, słucham, panie doktorze.

– Jeśli mógłby pan zejść w wolnej chwili, bo ta pani z nerką cierpi. To jest moja daleka rodzina...

– Oczywiście, panie doktorze, za chwilę tam będę.

– Dziękuję, do widzenia.

– Do widzenia... Jeszcze jedną kawę?

* * *

PSYCHIATRA:

Nie wiedziałam, co mam robić, jak przyjdę na dyżur, bo nikt mi nie powiedział. Kogo to obchodzi? Idziesz na dyżur, to się dowiedz. Na szczęście zanim zaczęłam sama dyżurować, chodziłam na dyżury kolegów. Jako wolontariusz, żeby zobaczyć, co i jak.

To wielki szpital i tylko trzech lekarzy zostaje na noc. Jeden na izbie przyjęć. Pozostałych dwóch obsługuje oddziały, czyli osiemset łóżek, w piętnastu różnych pawilonach. Pawilony to stare budynki w parku.

Dobrze usłyszałem – dwóch lekarzy na osiemset łóżek?

Tak. Jednemu lekarzowi podlega czterystu pacjentów. Jeden ma stronę żeńską, drugi męską. Ale największym problemem nie są schorzenia psychiczne. To jest generalnie opanowane. Rzadko trzeba interweniować. Jednak pacjenci mają też inne schorzenia. Zapalenia płuc, zawały, cukrzyce, nadciśnienie. Umówmy się, że lekarz psychiatra niekoniecznie musi się na tym wszystkim znać. Tak więc dyżury bywają emocjonujące. Do tego oddział uzależnień od alkoholu. Od czterdziestu pięciu do osiemdziesięciu osób, przeważnie mężczyzn, którzy trzeźwieją. A wówczas boli ich wszystko. Zęby, kości, dostają wysypki. Jeden wielki jęk. Każdy jest chory na tysiąc rzeczy, które właśnie wychodzą. Bo dopóki piją, nie czują niczego, nie dbają o siebie, jest im dobrze. No więc w nocy trzeba się zajmować także nimi. Robi się z tego małe piekło.

* * *

MŁODY ORTOPEDA:

Mój szpital jest bardzo w porządku. Jeśli mi czegoś brakuje, to tylko wielkiej operatywy. Mój ordynator jest naprawdę specem. Nie tylko ja tak uważam. Niektórzy profesorowie odsyłają do niego pacjentów, gdy są bezradni, mimo że ordynator nie ma nawet doktoratu. U nas jest tak, że operacje stóp i bioder robi szef. A poza tym urazy mamy tu banalne. Brakuje mi czegoś dużego. Może jak się przyłożę, zajmę się na przykład chirurgią kręgosłupa. To by było fajne. Taka praca zależy od sezonu. Zima – łyżwy i narty. Lato – deskorolki, łyżworolki, trampoliny. Te sporty dostarczają nam pacjentów.

* * *

LEKARZ
Z 30-LETNIM DOŚWIADCZENIEM:

Nie potrafię znieść tego biadolenia młodych lekarzy: „nie przyjęli mnie na specjalizację", „muszę pracować za dwa tysiące", „starsi lekarze wykorzystują mnie". O co tu chodzi? Ja nie wiedziałem, ile zarabiam, bo pieniądze nie były mi potrzebne. Spałem w szpitalu, jadłem w szpitalu. Hierarchia była taka, że byłem szczęśliwy, jak starsi koledzy posłali mnie po wódkę. Nie żebym mógł z nimi wypić, ale żebym mógł im postawić. Znosiłem wszystko, bo chciałem operować. No i operuję. Proszę tylko, żeby rezydenci nie wymagali ode mnie współczucia dla swojej trudnej sytuacji. Bo ich sytuacja jest komfortowa w porównaniu z naszą.

* * *

LEKARZ REZYDENT:

Starsi koledzy, specjaliści nie wykazują współczucia. Mówią, że nam się w głowach przewraca. To wielkie filozoficzne pytanie: „Czy twoje życie poszło w dobrym kierunku?". Jeśli nie było innego wyjścia, tylko na wpół niewolnicza praca, to OK. Ale jeśli młodszym się uda wymóc na systemie więcej pieniędzy? Albo wyjechać za granicę i zacząć wygodne życie? Co wtedy? W przypadku starszych lekarzy wyczuwam żal za zmarnowanym życiem. Zmarnowanym życiem na tych wszystkich dyżurach, kiedy człowiek tylko pracował i nie widywał swoich dzieci.

* * *

DOŚWIADCZONY ETATOWY LEKARZ W DUŻYM SZPITALU:

Młodzi idą na wiele kompromisów. Narzekają i łatwo rezygnują z marzeń. Nie dostanę się na wymarzoną specjalizację? OK, to może spróbuję na inną. Ale przecież, jeśli się faktycznie chce, można walczyć. Można poprawić wynik egzaminu lekarskiego, nikt nikomu tego nie zabroni. I starać się znowu o takie miejsce, które odpowiada indywidualnym aspiracjom. Niech pan tylko nie wierzy, że lekarz, który nie dostał się na wymarzoną rezydenturę, umiera z głodu! Idzie sobie do pracy jako lekarz pierwszego kontaktu. Zatrudnia się w przychodni, w NPL, czyli nocnej pomocy lekarskiej. Z tego można całkiem nieźle wyżyć. Znam lekarzy, którym takie życie wystarcza. Spotykałem takich, zaawansowanych wiekiem, którzy są wiecznie lekarzami NPL, bez żadnych specjalizacji. Mają na przykład po dziesięć dyżurów w miesiącu od osiemnastej do ósmej rano, czyli czternaście godzin. Za taki dyżur można skosić nawet 500 złotych. Razy dziesięć i już się z głodu nie przymiera. To realna kasa, o którą zabiegają wszyscy. Wie pan, że w dużych miastach stawki są niższe? Bo jest więcej lekarzy i każdy z nich chce biec do NPL, żeby skosić te parę stówek. Za miastem lekarzy jest mniej, stawki wyższe. Gdy nie masz specjalizacji, pracy w szpitalu, polujesz sobie na takie okazje. Możesz też zatrudnić się jako lekarz w karetce transportowej w prywatnej firmie, nie ma problemu. Na pewno z głodu nie padniesz.

* * *

LEKARZ ANESTEZJOLOG:

Czasami usłyszysz od pani w kadrach, że jesteś nikim. W sumie to ma sporo racji. Znam ludzi, którzy kończyli rezydenturę, byli więc lekarzami specjalistami i szukali pracy. Chcieli choć na chwilę zatrudnić się w szpitalu, w którym mieli etat szkoleniowy. Szpital się godzi. Dają zatrudnienie z najniższą grupą zaszeregowania i to na jedną trzecią etatu. W jakimś sensie pani w kadrach ma więc rację – jesteś nikim.

* * *

MŁODY UROLOG:

Tutaj na oddziale zabiegowym chodzi tylko o dostanie się do stołu operacyjnego. To jest sens wszystkiego. Musi pan wiedzieć, że w polskiej medycynie panuje feudalizm. Najwięcej spijają ci, którzy są na górze. A ci, co są na dole, czyli młodzi lekarze, dostają ochłapy, jeśli w ogóle coś dostają.

Dlaczego?

Starsi boją się uczyć młodszych, bo boją się konkurencji, bo boją się, że może młodszy będzie lepszy. Młodzi lekarze nie są dopuszczani do roboty. Na operacje mogą patrzeć zza pleców, ewentualnie być trzecią czy czwartą parą rąk, potrzymać haki.

Specjalizacja trwa...

...sześć lat.

I co się dzieje, jeśli przez sześć lat ogląda się operacje wyłącznie zza pleców kolegów?

Nic, dostaje się specjalizację. Kwit na leczenie ludzi, na operowanie.

I co dalej?

Co dalej? Co mają ze sobą zrobić ludzie po rezydenturze? Problem. Sześć lat minęło, ministerstwo już nie płaci. Dyrektor wzywa: „Pięknie dziękujemy, jest bardzo dobrze, skończył pan szkolenie, gratulujemy, niestety, nie mamy dla pana etatu. Do widzenia, musi pan sobie radzić sam, no ale taki zdolny człowiek na pewno da radę. Jeszcze raz dziękuję i do widzenia". No i człowiek wychodzi z takiego szpitala z papierem, że jest specjalistą, i szuka sobie etatu.

No ale właśnie mówimy, że chyba nie jest specjalistą, bo starsi koledzy nie bardzo chcieli mu pozwalać na to, by się nim stał. Sam pan mówił: bali się, że odbierze im etat.

Z formalnego punktu widzenia wszystko jest OK. Jest określony ramowy program szkolenia specjalizacyjnego. O innych się nie wypowiadam, powiem o mojej specjalizacji. Ten ramowy program jest śmiesznie mały. Przez sześć lat trzeba wykonać ileś tam zabiegów, które nie mają większego znaczenia. A właściwie można nie wykonać ani jednego, który jest typową urologiczną operacją. Ja ten ramowy program, te wymagane zabiegi, wypełniłem chyba w ciągu pierwszego roku pracy. Zresztą w innym charakterze, niż powinienem. Nie jako asystent, tylko jako operujący. Wiadomo, nie operujemy sami, tylko pod okiem specjalistów, którzy uczą. Ale jak inaczej człowieka nauczyć operować, jeśli nie dać mu operować. To jest jak z jazdą samochodem. Nie nauczy się człowiek, jeśli sam nie usiądzie za kółkiem.

Mówi pan, że specjalizacja z formalnego punktu widzenia jest OK, a z praktycznego?

Świeży specjalista musi szukać sobie etatu. Bo nie ma już innej możliwości zatrudnienia, jak na etacie. To, że znajdzie miejsce zatrudnienia w dużym mieście, jest wątpliwe. Tu ciężko o etat. Trzeba spróbować w mniejszym, ale to może wiązać się z koniecznością przeprowadzki, zmiany całego życia. To jest oczywiście kłopot. Natomiast prawdziwy problem leży gdzie indziej. Dotyczy głównie specjalizacji zabiegowych. Człowiek przez sześć lat nie był za bardzo dopuszczany do stołu, a jak był, to robił jakieś pierdoły. I nagle idzie do nowego miejsca pracy, pokazuje kwit, że jest specjalistą. Przyjmują go do roboty i mówią: „Dobra, operuj pan. Tu jest sala, tu jest skalpel, tu jest fartuch". I co wtedy? Klops. Kogo się poradzić, skoro jest się tam jedynym „fachowcem" w tej dziedzinie. I okazuje się, że człowiek skończył studia, staż, specjalizację, tylko, niestety, jest „niewyoperowany". Oczywiście, coś tam będzie operować i w papierach wszystko się zgodzi. Jest jednak małe ale – on może stwarzać zagrożenie dla pacjenta. Będzie operować nieudolnie, mimo że jest specjalistą. Czasem specjalistów trzeba uczyć od nowa. Bo przez sześć lat nauczyli się robić to źle.

Dość potworne, że w niewielkim ośrodku można trafić pod nóż człowieka, który nie ma doświadczenia, jest specjalistą tylko na papierze.

Ale tak jest. Oczywiście nie chodzi o to, że każdy po sześciu latach ma być wytrawnym chirurgiem, bo tak się nie da. Ale ten system jest zły, bo po sześciu latach specjalizacji może się okazać, że nie wiadomo nawet, czy „specjalista" ma talent do operowania, czy jest go kompletnie pozbawiony.

Przez sześć lata specjalizacji może się prześliznąć człowiek bez talentu?

Może. Myślę, że są rzesze chirurgów, którzy nie mają talentu do operowania. Mają dwie lewe ręce, a na przekór temu chcą być zabiegowcami. Jednak uspokoję pana, że to mniejszość. Większość zabiegowców ma do tego dryg.

* * *

URZĘDNIK Z MINISTERSTWA ZDROWIA:

Państwo płaci, i słusznie, za kształcenie lekarzy. Lekarze rezydenci narzekają, ale dla budżetu ich wynagrodzenia to są poważne pieniądze. Duży wydatek dla państwa. Jednak kiedyś w resorcie mieliśmy ciekawą sytuację. Pojawiły się wolne środki i postanowiliśmy je przeznaczyć na zwiększenie liczby rezydentów w moim województwie. Chodziło o medycynę stomatologiczną, która była tam bardzo słaba kadrowo, jednym słowem: brakowało dentystów. A więc będzie więcej rezydentur, w efekcie będzie więcej dentystów i ludzie będą mieli zdrowsze zęby – wszyscy powinni być zadowoleni. Tymczasem nastąpiła dziwna reakcja. Nigdy w życiu bym jej nie przewidział, byłem w absolutnym szoku. Spadł na nas grad krytyki. Awantura potężna! Jakim prawem dajemy dodatkowe rezydentury akurat w tym województwie! Jak pan myśli, skąd ta reakcja?

Domyślam się, że konkurencja. Lekarze, właściciele gabinetów stomatologicznych poczuli się zagrożeni?

Zgadza się. Docierali do ministerstwa, lobbowali: jakim prawem? Dlaczego tutaj? U nas wcale nie jest tak źle. Prawda jest taka, że o liczbie potrzebnych rezydentur decydują konsultanci wojewódzcy, czyli specjaliści z poszczególnych dziedzin medycyny, farmacji itd., których powołuje wojewoda w porozumieniu z ministrem zdrowia. Wydawało się, że system jest w miarę obiektywny. Nie przewidzieliśmy, że konsultant w danym województwie nie będzie myślał: „Jak to cudownie mieć tak wielu specjalistów, którzy będą leczyli ludzi", a pomyśli: „Będzie ich za dużo, to mi tutaj popsują rynek i koledzy mi żyć nie dadzą".

To, że grupy korporacyjne się bronią, widać gołym okiem. Są specjalizacje, gdzie końcowego egzaminu nie zdaje 80 procent kształcących się młodych lekarzy. Czyli albo ktoś ich bardzo źle kształci, albo ktoś przeprowadził bardzo zły egzamin. Jedna z tych dwóch możliwości. Jakaś przyczyna być musi. Pytałem konsultantów z danej dziedziny: „Dlaczego tak wielu nie zdaje egzaminu", i dostawałem zazwyczaj zdawkową odpowiedź: „Nie zdają? No to chyba słabo się uczą. Nie przykładają się". Po pierwsze, to dziwne, bo lekarze raczej mają doświadczenie w przykładaniu się do nauki. Dlaczego ci sami lekarze, jadąc do Europy, zdając europejski egzamin, zaliczają na poziomie 80 procent, a u nas na poziomie 80 procent nie zaliczają? Odpowiedź dla mnie jest oczywista. Starsi koledzy bronią swoich portfeli, bezczelnie wycinają młodych, którzy chcą się załapać do ekskluzywnego klubu. Dotyka to w szczególności dziedzin trudno dostępnych. W stomatologii jest to na przykład ortodoncja, chirurgia stomatologiczna.

Z usług lekarzy stomatologów w ciągu ostatniego roku skorzystało prawie 20,4 miliona osób w wieku dwóch lat i więcej, czyli ponad 55 procent populacji (pięć lat wcześniej tylko 44 procent). Kolejne 42 procent było u takiego lekarza ponad rok temu lub dawniej, a 3 procent nigdy nie leczyło się u dentysty. Takie zachowanie obserwowano przede wszystkim wśród najmłodszych dzieci (2–4-letnich). Co trzeci mieszkaniec Polski był u dentysty w ciągu ostatniego półrocza, a więc zgodnie z zaleceniami dentystów.

GUS, Stan zdrowia ludności Polski w 2014 roku, Warszawa 2016

* * *

LEKARKA W TRAKCIE SPECJALIZACJI Z MEDYCYNY RODZINNEJ:

Powinno być tak, że na początku pracuje się w systemie: uczeń – mistrz. A jest tak, że zależy, jak się trafi. Mnie się udało. Mam świetną kierowniczkę specjalizacji. Jeśli mam jakiś problem, to wiem, że mogę do niej w każdej chwili podejść do gabinetu obok i wyjaśnić wątpliwość. Ale to nie jest standard. Koledzy, którzy chodzą do swoich kierowników, często słyszą: „Aha, proszę sobie doczytać".

Często wpada się w jedno z dwóch ekstremów – albo chcą, żebyś pracował jak normalny, doświadczony lekarz i nie zawracał im głowy swoimi wątpliwościami, albo będą chcieli zrobić z ciebie „wynieś, przynieś, pozmiataj, wypełnij papierki, ale nie dotykaj się do chorego". Czyli zależy, jak trafisz.

* * *

REZYDENTKA
CHIRURGII ONKOLOGICZNEJ:

Chirurgia onkologiczna to obcowanie...

Tak, ze śmiercią. Czy mnie to przeraża? Oczywiście. Wie pan, ja się strasznie boję, że kiedyś sama zachoruję na nowotwór. Może ta praca jest też trochę oswajaniem swoich lęków? Ale na co dzień podchodzę bardzo zadaniowo do obowiązków. Jest pacjent, trzeba go najlepiej jak się da przygotować do zabiegu, potem najlepiej jak potrafię zoperować, poprowadzić po zabiegu i zagwarantować mu możliwość kontynuowania leczenia w najlepszych możliwych warunkach.

A jak wraca pani do domu?

Czasami płaczę, czasami opowiadam mężowi.

* * *

ORTOPEDA:

Wygląda pan na dość zmęczonego?

O, teraz już nie pracuję tak dużo. Mam około czterech, pięciu dyżurów tygodniowo. Dwa razy w miesiącu jeżdżę pod Warszawę robić badania USG i konsultować dzieci ortopedycznie. Pod Warszawą za dziesięć godzin pracy zarabiam mniej więcej tyle, ile tutaj na etacie. Tam, w prywatnej klinice, mam 400 złotych za godzinę, a tutaj 30 czy 35 złotych. Tam udzielam porad, a tutaj operuję, stoję za stołem...

Czyli tu jest prawdziwa akcja.

O tak, tutaj się dzieje. W szpitalu naprawdę robię to, co powinienem, do czego zostałem wyszkolony. Moje największe marzenie jest takie, żeby móc pracować w jednym miejscu, w tym właśnie szpitalu. Mógłbym pracować od świtu za stołem operacyjnym. Potem chciałbym konsultować pacjentów, których zoperowałem. Nie chciałbym jeździć po jakichś POZ-etach, prywatnych przychodniach, tylko działać w miejscu, w którym najlepiej się przydam. Ale, oczywiście, nie jest to realne. Bo gdybym pracował tak, jak marzę, i tak, jak podpowiada logika, zarabiałbym 4 tysiące miesięcznie. Za to nie wyżyję. Więc być może wyglądam na zmęczonego, ale nie mam innego wyjścia.

* * *

REZYDENTKA NA CHIRURGII:

W przychodni pracuję dziesięć godzin tygodniowo, a w szpitalu trzydzieści pięć do czterdziestu, bo jak się rozpocznie jakiś zabieg, trwa, aż się skończy. Czyli około pięćdziesięciu godzin tygodniowo. Stawka w przychodni? Dziewięćdziesiąt złotych za godzinę. W szpitalu? Dwanaście pięćdziesiąt za godzinę. Jest różnica? Niektórzy koledzy pytają, po co mi szpital, skoro dobrze zarabiam w przychodni? A ja nie chcę być przez całe życie lekarzem POZ, mam w sobie ambicję. Dla kolegów ambicja nie jest zaletą. Kiwają głową z politowaniem. Jak chce tracić, niech traci.

Rozdział V
Frustracja

*Mój mąż zwrócił mi uwagę, że nie ma
ze mną kontaktu. Wracam z pracy i po prostu
siadam jak zombie przed telewizorem albo nawet
nie przed telewizorem, tylko w kuchni.
Siedzę, gapię się w ścianę i na nic już nie mam siły,
nie zwracam na nic uwagi. Nawet na moje dziecko,
które domaga się jakiejś atencji,
bo nie wdziało mnie przez tyle godzin.
Wiem to, ale ja po prostu nie mam siły.*

Lekarka pracująca w poradni POZ

* * *

CHIRURG,
16 LAT STAŻU PRACY:

Jak wygląda pana dzień?

Mam etat w szpitalu i tam jestem cztery razy w tygodniu. Maksymalnie możemy pracować do dwunastu godzin. A od dwunastej godziny pracuje się na kontrakcie jako firma zewnętrzna. Ci sami lekarze i to samo miejsce pracy.

W piątki, które mam wolne w szpitalu, idę do przychodni rejonowej. Oprócz tego jestem przez dwadzieścia cztery godziny na dobę pod telefonem. Konsultacje związane z żywieniem dojelitowym. Muszę odebrać natychmiast, jak telefon dzwoni. Mam jeszcze stażystów...

I ma pan czasami dość?

Mam, nawet dzisiaj. Kiedyś, w starych czasach, byłem w stanie siedzieć ciurkiem po dwie, trzy doby, byłem w stanie mieć siedemnaście permanentnych dyżurów w miesiącu i doskonale się czułem. Wiem, wiek też robi swoje. W tej chwili, po szesnastu latach pracy, jestem mniej wytrzymały niż kiedyś. Właśnie odszedłem od stołu, operacja trwała prawie pięć godzin. Jestem zmęczony, jest gorąco, ledwo żyję. Po prostu tak to wygląda. I jest coraz gorzej, nie tylko ze względu na mój wiek.

A dlaczego jest gorzej?

Tak nas obciążono pracą, tak zredukowano personel, że w tej chwili w zasadzie nie ma czasu na to, żeby usiąść i spokojnie napić się herbaty, kawy, żeby coś zjeść. Lekarz musi odpocząć? Ależ nikogo to w ogóle nie interesuje. Jak się tworzy nowe budynki w szpitalu, nikt nie myśli o tym, żeby zrobić pokój socjalny z prawdziwego zdarzenia dla personelu, bo personel powinien być cały czas przy łóżku pacjenta, całe dwanaście godzin. Traktuje się nas nieludzko. Nasz pan prezes potrafi chodzić i sprawdzać, jak pracujemy. Gdy natyka się na przykład na salową pijącą herbatę, robi awanturę, że ona w godzinach pracy pije herbatę. To jest po prostu skurwysyństwo.

Kiedyś tak nie było?

Zauważyłem po sobie, jak to się zmieniało na przestrzeni lat. Mój guru, znany chirurg, dziś już senior, zawsze powtarzał, że nikomu niczego nie zazdrościł. Ja na początku też tak sobie mówiłem. Aż nagle zauważyłem, że zapieprzam więcej niż inni i nie spotyka mnie za to żadna szczególna nagroda, apanaże. Ratuję ludzkie życie, więc wydaje mi się, że moja praca nie jest jednak zupełnie nieważna. Wiele ode mnie zależy, a gówno z tego mam. No i w związku z tym zacząłem się frustrować: „Tak nie powinno być. To skandal". Dlatego właśnie tacy jesteśmy dla siebie i innych.

Jacy?

Jesteśmy źli, bo jest nam źle.

* * *

LEKARKA W TRAKCIE SPECJALIZACJI Z CHIRURGII OGÓLNEJ:

Wróciłam z poradni POZ wieczorem. Moje dziecko przez pół godziny się ze mną bawiło. Potem zasnęło. I ja też padłam. Wstałam rano, wyszłam do szpitala, zanim dziecko się obudziło. Potem pojechałam do poradni. Kiedy wróciłam, córka już spała. Nawet byłam zadowolona, bo też się mogłam wcześniej położyć. Rano znów wyszłam, zanim się córka obudziła. Rozmawiałam o tym z koleżanką, która mnie zapytała: „Czy ty rozumiesz, że w ciągu ostatnich czterdziestu ośmiu godzin twoje dziecko widziało cię przez trzydzieści minut? A ty mówisz, że jesteś w sumie zadowolona, bo nie musiałaś się bawić, tylko poszłaś spać".

To mi dało do myślenia. Może moja córka kiedyś rzuci mi w twarz, że nigdy nie było mnie w domu? Może kiedyś się ode mnie odwróci z tego powodu? Wtedy postanowiłam, że zrezygnuję z pracy w poradni.

* * *

LEKARZ REZYDENT Z MAŁEGO MIASTA:

Człowiek zasuwa, dziesięć dyżurów miesięcznie to jest całkiem sporo. Nie liczę tych towarzyszących, tylko samodzielne. W pracy – przychodzę, znieczulam, znieczulam, kończę, jadę do domu albo do POZ, żeby zarobić. W jedną niedzielę miesiąca wychodzi mi dyżur premedytacyjny, czyli obejście wszystkich pacjentów w szpitalu na poniedziałek. Wtedy niedziela jest wyjęta.

Pracuję w szpitalu chyba z pasji. Bo na rękę bez dyżurów mam 2,5 tysiąca złotych. Od tego odliczam tysiąc na paliwo. Potężna odpowiedzialność, a na takim zmęczeniu można naprawdę narobić kłopotów. I tak żyję.

* * *

LEKARKA Z WARSZAWY:

Mąż mojej koleżanki potrafił mieć szesnaście dyżurów w miesiącu, czyli były takie chwile, że wychodził z walizką, a wracał za dwa dni. Dyżurował w dwóch różnych szpitalach. Między dyżurami nie przychodził do domu, bo mu się nie opłacało. Jeżeli pracuje się takim systemem, to pieniądze są niezłe. Pytanie – co dalej? Czy można się zatrzymać? Kiedy jest jakaś granica? Nagle ludzie uświadamiają sobie, że to droga donikąd. Moje koleżanki z roku zaczynają to dostrzegać. Jedna jest już w drugiej ciąży, dwie właśnie wychodzą za mąż. Zaczynamy wreszcie rozmawiać o czymś innym niż pacjenci, dyżury. Zaczynamy dostrzegać, że też mamy prawo do zwyczajnego życia.

* * *

UROLOG:

Wychodzi około trzystu godzin miesięcznie pracy. Uważam, że sporo. Kiedyś pracowałem jeszcze więcej, ale teraz mam żonę, trzymiesięczne dziecko, i chciałbym od czasu do czasu je widywać.

Pracował pan tak dużo, żeby się rozwijać czy po prostu dla pieniędzy?

Zanim dostałem miejsce etatowe w szpitalu, musiałem pracować w przychodni, żeby mieć choćby składki na ubezpieczenie zdrowotne, żeby nie być *de facto* bezrobotnym. Szpital niczego mi nie gwarantował: ani ubezpieczenia od odpowiedzialności cywilnej, ani składek zdrowotnych.

* * *

CZŁONEK WŁADZ OKRĘGOWEJ IZBY LEKARSKIEJ:

To, że lekarze pracują ponad siły, nawet umierają z przepracowania, jest faktem. Jednak samorząd boi się zajmować tym zagadnieniem. No bo to jest niewygodne, spotkalibyśmy się z zarzutem: „Dlaczego nie dajecie nam zarabiać?". A więc przyjęto uchwałę, że o tym, jak długo pracować, decyduje w sumieniu każdy lekarz. Czyli wolna amerykanka. To oczywiste chowanie głowy w piasek. Liczenie na to, że ludzie, którzy z natury są chciwi, narzucą sobie samoograniczenia. Ale jaką pomoc niesie lekarz, który ma trzy dyżury z rzędu, czyli nie wychodzi z pracy przez trzy doby? Nawet jeśli jest młody i sprawny. Wiem po sobie, że pacjent, który przychodzi o dziesiątej rano, jest inaczej załatwiony niż ten, który przyjdzie o dwudziestej wieczorem. Lekarz już zwyczajnie nie ma siły i dużo słabszą koncentrację.

* * *

ANESTEZJOLOG:

Anestezjologia to jest to, co chcę robić, problem w tym, że to dziedzina, którą muszę traktować po macoszemu. Od rana do piętnastej znieczulam w szpitalu. A potem biegnę zarabiać pieniądze na dyżurach. Leczę katary, zaglądam w gardła, wypisuję witaminy i syropy. Liczę pieniądze. Upływa dzień, jeden po drugim. Chciałbym poczytać jakąś książkę o anestezjologii. Wożę je wszystkie w samochodzie – z domu do szpitala, ze szpitala do przychodni. I nie mam siły do nich zajrzeć. Bo to nie jest lektura typu „Pan Samochodzik". Nie ma tak, że złapie się książkę, przeczyta pięć stron, leci się dalej, i się pamięta. Nie, nie. Trzeba się skoncentrować, wbić sobie do głowy wiedzę. Powoli, strona za stroną. Wtedy dopiero można mówić, że się przeczytało.

Fakt, na dyżurach zdarza się, że kompletnie nic się nie dzieje. Zdarza się to dość rzadko, ale jednak się zdarza. Teoretycznie mógłbym wówczas czytać. Tyle że tak się też nie da. Kiedy nic się nie dzieje, nie mogę nawet spać, chociaż jak pan widzi, mam tu dość wygodną kanapę. Położę się i ta cisza mnie dobija. Zaraz biorę komórkę i sprawdzam, czy pielęgniarka z dołu czasem do mnie nie dzwoniła. Czy nie przespałem wezwania, czy wszystko jest w porządku. Czasem mimo wszystko biorę się do książki. Jak już legnę w pozycji horyzontalnej, dzwoni pielęgniarka.

– Siostro?

– Proszę zejść, panie doktorze.

Zakładam buty, idę na dół. Oglądam chorego. Czasem siostra poczeka, aż zbierze się na przykład dwóch pacjentów, żebym nie musiał tak często chodzić. Ale przecież bywają nagłe przypadki. Czytać? Uczyć się? Skoro nie potrafię nawet się zdrzemnąć?

W weekendy też nie ma czasu. Akurat teraz, w sobotę i niedzielę, miałem szkolenie ze znieczulania. Za jedyne tysiąc złotych. Każdy musiał zapłacić. Ale nie żałuję, było warto.

* * *

PSYCHIATRA:

Szpital jest przesiąknięty osobistym życiem lekarzy. Leci plotka za plotką, kto kogo zdradził, kiedy, z kim, co się jeszcze wydarzyło. Sensacja dnia: kolega tak zapił, że nie mógł przyjść na dyżur w święta, na gwałt szukali zastępstwa. I takie tam. Wszyscy wiemy o sobie wszystko. Poza tym jest dość zwyczajnie. Zapieprza człowiek jak mały samochodzik.

Start o siódmej trzydzieści. Mam pod opieką od ośmiu do dwunastu pacjentek. Wszystkie przewlekle chore. Po raz enty w szpitalu. Były dwadzieścia razy i jeszcze dwadzieścia razy będą. No ale co? Trzeba robić!

Podajemy leki – raz! Trzeba przebadać od stóp do głów – dwa! Oprócz tego, że są psychicznie chore, mają jeszcze mnóstwo innych obciążeń. Patrzę na nie. Nic do roboty, więc palą. Fajka za fajką, po dwie paczki dziennie. Snują się po oddziale albo leżą, bo sporo pacjentek jest leżących. Właśnie zmniejszył się oddział dla ludzi starszych. Z psychogeriatrii ucięli połowę miejsc. A starszych osób nie ubyło. I te osoby też gdzieś muszą znaleźć miejsce w szpitalu. Trafiają do oddziałów ogólnopsychiatrycznych, czyli do mnie. A więc mam na przykład babcię, lat osiemdziesiąt parę, otępienie, nie umie trafić do sali. A przy niej dwudziestolatka w ostrej psychozie. Krzyczy, biega, wpada na babcię, popycha ją. Taki folklor tego miejsca.

* * *

LEKARKA
Z MAŁEGO OŚRODKA,
SZEFOWA POZ:

W tym zawodzie alkohol również bywa dużym problemem. Szukałam pracownika. Zgłosił się doktor. Doktor z wielkiego świata, z dużego miasta! Piękny głos przez telefon. Ale jak go zobaczyłam, od razu zrozumiałam, że jest taki „lubiący". Pan już w poważnym wieku. Przyjechał z panią. Jaką panią? Nie wiem, no w końcu nie mnie sprawdzać, czy to jest żona, czy nie żona. No i, niestety, oni tak chlali, że prawie spalili służbowe mieszkanie. Przyznaję, że do pracy nie przychodził pijany. Ale kiedyś zobaczyłam go w niedzielę. Szedł do sklepu po kolejną flaszkę, a był w takim stanie, że zatrzymałam go i poprosiłam, żeby się natychmiast wyprowadził. Całe trzy tygodnie tu pracował. Potem znowu szukałam lekarza. I znowu zadzwonił jakiś pan doktor z pięknym głosem. Powiedział, że pracował na Uniwersytecie Jagiellońskim na hematologii. Już samo to było dziwne, że ktoś z Uniwersytetu Jagiellońskiego szuka pracy w takiej dziurze. Przyjechał. Pan miał rosacęę na twarzy, czyli trądzik różowaty. Nie powiem, że to na sto procent świadczy o alkoholizmie, ale na pewno go sugeruje. Ten pan się dzielnie trzymał od marca do lipca. W lipcu zaczął pić na umór. Przestawiał samochód z podwórka na drugą stronę ulicy. Dzwonił do mnie, że wyjechał i nie może przyjść do pracy. Potem dzwoniła jego matka: „Niech pani ratuje mojego synka, bo to dobre dziecko. Pani go przyjęła do pracy, proszę moje dziecko ratować. To jest pani obowiązek!".

Nie było rady, musiałam wyrzucić. W nieodległej wsi pracowała inna pani doktor. Taka subtelna kobieta. Gadali, że ona też pije. Ale nie chciałam w to uwierzyć. Myślałam, że plotki, złe języki. Jednak okazało się, że faktycznie piła i to bardzo mocno. Wyrzucili ją więc z pracy. Gdy znów byłam w sytuacji podbramkowej, pomyślałam – spróbuję. Wiedziałam, że jest po rocznym odwyku. Przyjęłam ją. Liczyłam, że się zmieni. My tu jesteśmy same kobiety i żadna nie pije. Mamy rodziny, mężów i tak dalej. Zresztą ona też ma męża bardzo oddanego. Może nasze środowisko dobrze na nią wpłynie? Minęły trzy lata. Zaczęła dzwonić: „Pani doktor, nie przyjdę dzisiaj do pracy, bo mam biegunkę". I ja na początku w te biegunki uwierzyłam. Ale wyszło szydło z worka. Piła nieprzeciętnie. Wylałam ją. Minął miesiąc, przyszła, błagała, przysięgała: „Już nie będę piła!". OK, dałam jej szansę, zatrudniłam na umowę-zlecenie. Tych przysiąg starczyło na dwa tygodnie. Rozstałam się z nią na zawsze.

* * *

CZŁONEK ZARZĄDU
OKRĘGOWEJ IZBY LEKARSKIEJ:

Często się zdarza, że w małych ośrodkach trafiają się lekarze życiowi kaskaderzy. Staczają się powoli, w samotności, aż osiągną dno. W środowisku nie jest przyjęte, żeby donosić na kolegów. W zasadzie nie powinno się krytykować publicznie innego lekarza. Jeśli się ma jakieś uwagi, to należy je skierować do samego zainteresowanego. Ale alkoholikowi można mówić wiele rzeczy, a i tak w nie nie uwierzy. A więc na różne sprawy przymyka się oczy. Tymczasem lekarze – proszę o tym nie zapominać – wykonują profesję inną niż wszystkie. Ciąży na nich potężne brzemię odpowiedzialności. Stąd alkohol, narkotyki, chęć uprawiania sportów ekstremalnych. To zdejmuje, rozładowuje stres. Lekarze są sfrustrowani swoją pracą. Presją społeczną, oczekiwaniami. Różne sprawy wracają, o niektórych nie da się zapomnieć tak po prostu po wyjściu z pracy. Komu o tym opowiadać? Zwierzać się? Przecież obowiązuje tajemnica lekarska.

* * *

CHIRURG
Z MIASTA WOJEWÓDZKIEGO:

Nie czarujmy się, medycyna zmieniła się w biznes. System jest taki, że wszystko przelicza na pieniądze, kontraktuje, sprawdza. Od lekarzy wymaga się, żeby się rozliczali, nie przekraczali budżetu, a jednocześnie byli troskliwi, empatyczni i robili wszystko, by wyleczyć pacjenta. Chyba tu jest jakaś sprzeczność? Czy ja się mylę i nic nie rozumiem?

* * *

INTERNISTA:

Medycyna jest sztuką? A przypadkiem nie czystym biznesem? Co to znaczy, że nie można stosować lekarstwa, które uważa się za pomocne, tylko takie, jakie życzy sobie NFZ? Dlaczego lekarze są ograniczani w kierowaniu na badania? Gdzie jest ta sztuka? Gdzie jest mój wybór? Sprowadzają nas do elementów systemu, trybików od wypełniania papierków pod dyktando urzędników.

* * *

LEKARZ,
CZŁONEK ZARZĄDU
OKRĘGOWEJ IZBY LEKARSKIEJ:

Spójrzmy na podstawową opiekę zdrowotną. Jednostka POZ ma płacone od pacjenta, który jest do niej zapisany. No to niech pan pomyśli, gdzie tu jest biznes? Płacą za pacjentów, którzy są zapisani niezależnie od tego, czy przyjdą, czy nie przyjdą. Biznes jest prosty – niech zapisze się do mojego POZ jak najwięcej pacjentów i niech nikt nie przychodzi się leczyć. Bo leczenie to koszt. Trzeba zapłacić doktorowi, sprzątaczce, zlecić jakieś badania. W moim interesie jest działać szybko, po łebkach, nie wgłębiać się, wtedy wychodzę spokojnie na swoje. Dlatego lekarze z POZ nie chcą się szkolić, pogłębiać wiedzy. Jakie szkolenia? Nam płacą stawkę kapitacyjną. Zarabiamy na tym, że do nas nie przychodzą.

A dentyści? Biją się o kontrakty z NFZ. Niektóre procedury są wyceniane na 7 złotych. Co można zrobić za 7 złotych? No, ale jak się ma plakietkę NFZ, to można zacząć zarabiać na czymś innym: „To może dopłaci pan z własnej kieszeni 100 złotych za lepsze wypełnienie?".

* * *

PSYCHIATRA:

Macie do nas, lekarzy, pretensje, że jesteśmy tacy, owacy, że nie potrafimy leczyć. No to opowiem panu, jak to wygląda z mojej perspektywy.

Oddział detoksu w dużym szpitalu psychiatrycznym. Przyjmowani są tu pacjenci z zespołem abstynencyjnym. Ludzie, którzy pili ciągami, odstawili wódę i mają delirkę, czyli ich trzęsie. Ale często dochodzi do tego zespół z majaczeniem, czyli mają zwidy, słyszą głosy. Są pobudzeni, agresywni. Zespół abstynencyjny to jest również bardzo duże obciążenie somatyczne. Na przykład zachłystują się.

Mogą od tego umrzeć?

Mogą. Zespół abstynencyjny z majaczeniem to naprawdę stan ciężkiego zagrożenia życia. Taki oddział nie powinien istnieć bez zaplecza OIOM-owego. A OIOM-u tu nie ma. Trzydzieści, jeszcze nawet dwadzieścia lat temu był, no ale standardy medyczne od tego czasu się zmieniły.

Jak miałam tam dyżury, wyglądało to tak. Pacjenci leżą na sali obserwacyjnej. Drzwi mają szybkę. Po drugiej stronie siedzi pielęgniarka i ich obserwuje. Nie wiem, czy teraz jest już chociaż jedno urządzenie, które można podłączyć do pacjenta, obserwować na monitorze jego funkcje życiowe, czy bije serce, czy oddycha. Za moich czasów nie było. Mogłam tylko poprosić pielęgniarkę, żeby podeszła do pacjenta i na przykłąd co pół godziny zmierzyła mu ciśnienie, saturację i tętno. EKG też nie mogłam zrobić, bo nie było.

Co pani widziała przez szybkę w drzwiach?

Pokotem leżą chłopy, jedni z większym kontaktem, drudzy z mniejszym. Zwykle jedna lub dwie osoby przywiązane do łóżka, czyli unieruchomione. Żeby wszystko było legalnie, w papierach trzeba opisać, z jakiego powodu musi być unieruchomiony.

A dlaczego musi?

Bo ten pan, jak mówił jeden z kolegów, nie odróżnia motyla od słonia i jest w stanie pobudzenia. Krzyczy, że coś tam widzi, coś słyszy, bełkocze, wypowiedzi są na ogół totalnie nielogiczne, zdania niezwiązane z żadnym tematem. Jak się udało dowiedzieć, jak ma na imię i nazwisko, to było dobrze. Przeważnie jest spocony, blady, z ropiejącymi oczami, często odwodniony i zwykle z nadciśnieniem, bo zespołowi abstynencyjnemu często towarzyszy nadciśnienie, zaburzenia jonowe, najróżniejsze niedobory pierwiastków. Kaszle, zachłystuje się, od zachłystywania się dostaje zapalenia płuc. I teraz dylemat: co z tym pacjentem robić? Czy zostawić go tak i przez cały czas myśleć, czy on żyje, czy nie żyje? Bo bardzo prawdopodobne, że w każdej chwili zaczną się problemy kardiologiczne, że po prostu serce przestanie bić. Czy też spróbować wywieźć do innego szpitala, tam, gdzie jest OIOM? Ale który szpital go przyjmie? Pacjent jest pobudzony, przywiązany do łóżka i jeśli lekarz w innym szpitalu usłyszy o takim stanie, na pewno odmówi.

Jak brzmi odmowa?
Nie ma miejsca?

Nie. To jest pacjent psychiatryczny, wyście go przyjęli na waszą odpowiedzialność, to się martwcie.

Czy pani zdaniem zdarzyły się przypadki, że przez takie zaniedbania ktoś umarł?

Na moim dyżurze tak się nie zdarzyło. Natomiast zgony się zdarzają. Czy byłoby ich mniej, gdyby na miejscu był OIOM – nie wiem, ale można tak założyć. Trudno jednak wyrokować jednoznacznie. Bo zawsze można powiedzieć, że ludzie w domu też umierają. W medycynie, a przede wszystkim w psychiatrii, nic nie jest zero-jedynkowe, nic nie jest biało-czarne. Ale to jest najmniej lubiany przeze mnie oddział.

* * *

LEKARKA
W CZASIE REZYDENTURY:

Na oddziale brakuje monitorów. Takich, które pokazują funkcje życiowe. Samodzielny dyżur, brak monitorów. Stres. Rano młody lekarz chce być w porządku i zgłasza sprawę ordynatorowi: „Brakuje monitorów, trzeba wybierać, komu podłączyć. Gdyby było więcej... Mamy tu kilka ciężkich przypadków, trzeba wybierać". Reakcja? Najpierw uśmiech z podtekstem: „Ty durna babo, przecież nikt tu nie kupi żadnych monitorów, bo szpital nie ma pieniędzy". A potem zaczynają się kpiny: „No i co zrobiłaś? Któremu podłączyłaś? Temu? Ale dlaczego? Podoba ci się? I co, dobrze wybrałaś? Widzę, że wszyscy przeżyli noc, czyli chyba dobrze!".

I co na to powiedzieć? Złość i frustracja narastają. Następnym razem nikt już nie powie słowa o monitorach. Może właśnie o to chodzi – bo po co zawracać głowę takimi duperelami. Nie ma monitorów? I co z tego? Najwyżej ktoś umrze. Trudno. To jest straszne i, niestety, najbardziej obciąża naszych starszych kolegów, którzy mają to już w nosie. Bo młodego lekarza, który nie ma doświadczenia, taki stan rzeczy przeraża. Stres go zjada, uważa, że to nie jest w porządku, chce coś zmienić. A starsi koledzy? Śmieją się albo nie reagują.

A co by się stało, gdyby się wszyscy postawili? Na przykład wszyscy lekarze napisali list do dyrektora, i to list otwarty. Że brak tych monitorów to zagrożenie życia. Czy na taki list dyrekcja też odpowie: „Nie mamy pieniędzy"? To już nie jest takie proste. Sprawa zaczyna trochę śmierdzieć. Ale lekarze nie są solidarni. Ordynator nie chce się narażać dyrekcji, zgłaszając za dużo problemów. Będzie się narzucał, to jeszcze go zmienią. A po co mu to? Mało to się napracował, nadyżurował, naoperował, żeby zostać ordynatorem, mieć dobrą pensję, szacunek i superkontrakt w specjalistycznej przychodni? Ma to wszystko poświęcić z powodu monitora? Żarty na bok. Starsi lekarze? Oni trzaskają kasę. Mówią: „Napiszemy do dyrekcji, to jeszcze nam wymienią ordynatora. Warto ryzykować? Bo ten ordynator jest OK. Już jesteśmy z nim dogadani". Mają wywalać cały system z powodu monitora? Bez żartów!

Ale można postawić tę sprawę inaczej. Zapytać, czy czasem nie jest tak, że ten monitor uratuje komuś życie? Tylko że nikt oprócz młodych lekarzy tak nie myśli. A młodzi lekarze szybko doroślęją. To znaczy są sfrustrowani, chodzą źli po tych swoich oddziałach, patrzą wilkiem na pacjentów. W ciągu kilku lat są już tacy sami, jak ich starsi koledzy. I olewają, czy monitor jest, czy go nie ma. I czy ewentualnie może komuś uratować życie.

* * *

LEKARZ REZYDENT
Z DUŻEGO MIASTA:

Nie ma na tomograf, nie ma na radiologa, nie ma na fizjologa, nie ma kogoś lub czegoś, co powinno być. Za to teoretycznie odpowiada dyrektor, ale w razie jakiejś wpadki, przed sądem tłumaczyć się będzie lekarz. Na przykład lekarze nie mogą zlecać tomografii tak po prostu. Najpierw muszą napisać do dyrekcji podanie z prośbą o wyrażenie zgody na wykonanie tego badania z uzasadnieniem, dlaczego w tym przypadku tomografia jest niezbędna. To ma na celu ograniczenie kosztów. Czyli należy przeczołgać lekarza w taki sposób, żeby później – broń Boże! – nawet do głowy mu nie przyszedł tomograf, a jak przyjdzie, to ma go zemdlić na samą myśl o konieczności wypełniania papierów. A po co jest tomograf? Człowiek się przewróci, lepiej mu zajrzeć do głowy, żeby mieć pewność, że wszystko jest OK. Ale można też nie zaglądać i pomyśleć: „Zapewne wszystko jest OK".

* * *

PSYCHIATRA:

Mam leczyć. Szukać skutecznych dróg. Ale to jest jakaś kpina. Wie pan, że ja się boję przepisywać drogie leki? Pani dyrektor sobie nie życzy. Kiedy mimo to upieram się, że tylko takie leki pomogą, wtedy ona się piekli i wzywa mnie na dywanik. Wydaje zakaz.

Na piśmie?
Oczywiście, że nie. Ustny.

Co wtedy?
Przychodzi przedstawiciel firmy farmaceutycznej. Mówię mu: „Stara mi zabroniła przepisywać". Daje mi ten lek za darmo.

Bezinteresownie taki hojny?
Skąd. Ma nadzieję, że ten lek przepiszę pacjentowi, gdy będzie wychodził do domu. I on kupi go w aptece, bo musi zażywać. A ja chcę tylko dobrze leczyć, wierzę, że ten drogi lek jest lepszy od innych, że naprawdę pomaga mojemu pacjentowi. Tymczasem czuję się, jakbym robił coś złego, jakbym ocierał się o CBA i kajdanki.

DZIENNIK SANITARIUSZA

Południe. Dziś na każdym piętrze jest zator. Łóżka, wózki, kotły, trupy, ekipy remontowe z wiertarami.

– Dojechaliśmy?

– Nie, proszę pani, jeszcze nie... Czekamy na windę!

Zwariuję od tego. Ku..., zapomnieli nam puścić windy! Mieli wcisnąć czwórkę, ale nie wcisnęli albo na bloku też była kolejka. Winda jedzie w dół.

My znów czekamy – dwa wózki i kotły z żarciem zagubione w drodze na parter.

Winda nadjeżdża po siedmiu minutach. Wejdę do niej pierwszy, choćbym miał się bić.

Pusta! Ładujemy się. Domykamy.

– Drugie – krzyczy kucharka. Naciskam zero i trzymam klawisz szybkiego zamykania drzwi. Naciśnięcie powoduje, że winda jedzie od razu do celu, nie reaguje na inne wezwania. Stary trik sanitariuszy.

Kucharka orientuje się, że została wykiwana.

– Ale ja miałam jechać na dwa.

– Przepraszamy, transport medyczny. Ratujemy życie.

– Ja pierdolę!

Parter. Kuchara wkurzona, żarcie już trzy razy wystygło, a na zerze znów ją wypraszają z windy. Nie nasza sprawa.

Jeszcze tylko korytarz. Jesteśmy spóźnieni piętnaście minut. Żebyśmy tylko nie wpadli w jakąś kolejkę.

– Proszę siedzieć, pójdę zarejestrować panią na badanie.

Rejestracja. Uśmiecham się do dziewczyn.

– Dział transportu wita panie!

– Spóźnił się pan…

– Windy.

– Jasne. Proszę dać skierowanie. Nie możemy tego przyjąć. Lekarz nie wpisał rozpoznania.

– I co?

– Wraca pan na chirurgię.

– Ale to piąte piętro.

– Wraca pan.

– Pacjentka boi się jeździć windą.

– To niech pan ją zostawi.

– Nie powinienem, nie mogę.

– To jak pan woli…

Muszę jej jakoś powiedzieć…

– Proszę pani, musimy wrócić.

– Dlaczego?

– Nie wpisali pani rozpoznania.

– Może poczekam…

– Nie mogę tu pani zostawić.

Kobieta blednie. Tym razem winda przyjeżdża już po pięciu minutach. Za to drzwi nie chcą się zamknąć za skarby świata. Walę pięścią ze wściekłości.

– Aj, aj, aj... – Pacjentka jest przerażona.

Piąte… Gdzie jest pielęgniarka…

– Siostro, nie ma tu rozpoznania.

– O cholera, dobra, szukam doktora. No, już mam.

– A co to takie pokreślone?

– Doktor się pomylił. Dziś jest kompletnie zakręcony: „Guz esicy”, jeśli ktoś zapyta.

Winda. Po siedmiu minutach. Walka z drzwiami. Trik z przyciskiem...

Recepcja.

– Nie możemy tego przyjąć.

– Dlaczego?

– Skoro jest skreślenie, to musi być pieczątka lekarza i podpis.

– Co robić?

– Wraca pan na piąte piętro.

– Błagam...

– Nie możemy przyjąć tej pacjentki.

– Dziewczyny, to ja ją zostawiam... Ona odleci w tej windzie.

– Jak pan chce...

Kobieta widzi, co jest grane. Ma łzy w oczach.

– Nie pojadę znów windą!

– Tak, ale zostawię panią samą. Posiedzi pani spokojnie, dziewczyny będą patrzyły…

– Tak, oczywiście, posiedzę tutaj spokojnie. Dziękuję panu bardzo.

Łamię jedną z podstawowych zasad, idę po schodach.

Zasad?

„Nigdy nie wchodź po schodach. Czasem w drodze wyjątku możesz po nich zejść. Szkoda nóg".

„Nie bądź frajerem. Rób tylko swoje. Nikt niczego nie doceni, nikt niczego ci nie odda".

„Nie współczuj. Nie masz na to czasu i energii".

* * *

ORTOPEDA:

W ramach oszczędności w szpitalu na nocnym dyżurze jest tyko jeden lekarz na oddziale. I to mi się bardzo nie podoba. To nie do końca zgodne z prawem i do tego bardzo niebezpieczne.

Dlaczego?

Operujemy tutaj na ostro…

Na ostro, czyli jak?

Pilne, nagłe przypadki, ludzi z wypadków komunikacyjnych. Przywożą pacjenta i idę na blok. Kiedy operuję tam złamanie, na oddziale nie ma lekarza. Oddział zostaje pusty.

I co wtedy?

Wtedy pielęgniarki mają władzę. Rządzą i dowodzą. A przyzna pan, że to jednak nie to. Bo przecież na oddział może trafić kolejna osoba, także wymagająca pilnej operacji, pilnej pomocy.

To kuszenie losu, może się stać wiele złych rzeczy, łącznie ze śmiercią pacjenta. Koleżanka miała taką sytuację: była na bloku, robiła jakiś zabieg, a koledzy z SOR przysłali dziewczynę, która miała otwarte złamanie kości udowej. Kość udowa to bardzo duża kość, której złamanie może spowodować nawet wykrwawienie się człowieka. Więc taki pacjent wymaga bardzo intensywnego nadzoru. Ale przecież lekarz się nie rozdzieli na dwóch. Albo operuje, albo nadzoruje. I to jest, uważam, bardzo poważny problem. Historia mojej koleżanki skończyła się dobrze. Udaje się, udaje, ale w końcu się nie uda. To igranie ze śmiercią.

Zasady niby są takie, że jak lekarza nie ma na oddziale, SOR nie powinien przysyłać tu pacjentów do momentu, aż lekarz nie wróci na oddział z bloku operacyjnego. Ale to teoria. SOR przysyła nam pacjentów, i tyle. Co im można zrobić? Koledzy lekarze wiedzą, że nie pójdę do nich z pyskiem, bo jestem od nich młodszy. Starszemu doktorowi nie ośmielą się tak zrobić. Nie dałby im żyć. Zgnoiłby ich.

Kiedyś próbowałem z nimi dyskutować.

I co?

To nie ma sensu.

Jak to nie ma sensu?

Bo i tak mnie nie słuchają. Taka smutna prawda.

Ale dlaczego?

Nie wiem, jestem dla nich za mało znaczący.

Jak fala w wojsku.

Trochę tak. „Co tam taki gówniarz będzie się wypowiadał!"

Przecież starsi koledzy wiedzą, że skoro pan operuje, nie może pan brać odpowiedzialności za innego pacjenta.

Doskonale zdają sobie z tego sprawę. Ale mają to gdzieś. Kiedyś miałem taki przypadek... Jestem w trakcie zabiegu. Nagle dzwoni do mnie doktor z SOR. Przywieźli pacjenta, potrącił go samochód. Ma złamanie miednicy i kości łonowej. To takie złamanie, które nie wymaga żadnego zaopatrzenia, jedynie leżenia. Zgodziłem się go przyjąć. Niech jedzie na oddział, a ja zaraz jak skończę, przyjdę i go obejrzę. Kończę zabieg, idę do pacjenta. Patrzę, że coś mu cieknie z ucha. I co się okazało? Że to jest płyn mózgowo-rdzeniowy! Co jest grane? Badali go na SOR czy go nie badali? Pacjent ze złamaną czaszką trafia na ortopedię i to jeszcze w czasie, gdy lekarza nie ma na oddziale. Gdzie my żyjemy? To jakiś horror!

Gdyby pan miał dłuższy zabieg?

To pacjent leżałby sobie długo i by sobie przeciekał. To jest ortopedia. Tu nie ma tych wszystkich monitorków, które pokazują życiowe funkcje, a więc leżałby sobie po cichutku.

Aż w pewnej chwili...

Na szczęście nic mu się nie stało, ale jakby się stało, musiałbym się z tego nieźle tłumaczyć. Mimo że człowiek z rozwaloną głową został przywieziony na ortopedię, czyli na oddział, na którym się nie leczy głowy, o ile się orientuję.

Oczywiście możemy pisać pisma, interweniować. Mogę powiedzieć na odprawie, co się stało. Wypełniam raport lekarza dyżurnego i tam też mogę napisać: „Pacjent został przyjęty na oddział bez mojej wiedzy i podczas mojej nieobecności, decyzją lekarza SOR". Ale wtedy oni się oburzą, że my się skarżymy, że donosimy na nich. Typowa polska mentalność.

Więc co robicie?

Nic, siedzimy cicho i liczymy, że się uda. I to jest generalna zasada odnosząca się do całej polskiej ochrony zdrowia. Od NFZ, przez szpital, lekarzy, pielęgniarki, po najniższy personel. Wszyscy zapominają, po co ten system istnieje. Co jest najważniejsze. A najważniejszy powinien być pacjent. Tymczasem każdemu chodzi o własny interes. NFZ, dyrektor, ordynator, lekarze liczą pieniądze nie po to, żeby dzięki nim ratować ludzi, a po to, żeby bilanse się zgadzały.

* * *

LEKARKA
Z MIASTA WOJEWÓDZKIEGO:

Być może najgorsze jest to, że przestajemy się dziwić, że przyzwyczajamy się do rzeczy nienormalnych. Na przykład w naszym województwie brakuje miejsc w szpitalach psychiatrycznych. Ciągnie się samodzielny dyżur i nagle przywożą bardzo agresywnego pacjenta. Trzeba go przyjąć na oddział. Nie można oddać, bo nigdzie nie ma miejsc. Ale nie ma żadnej wolnej izolatki. I co robić? Kładzie się takiego pacjenta na stołówce! Facet jest agresywny dla lekarza, innych pacjentów, ale nic innego nie da się zrobić. Trzeba go kłaść na stołówce, bo taka jest rzeczywistość.

* * *

LEKARKA
W TRAKCIE REZYDENTURY:

To, że wszystkiego brakuje, naprawdę jest groźne. Moja koleżanka przeżyła taką sytuację: widzi, że nagle stan jej pacjentki błyskawicznie się pogarsza.

Zwiększyć dawki leków? Nie bardzo, bo pacjentka – co wynika z dokumentacji – już otrzymała maksymalne dawki. Może zmienić leki? Nagle koleżanka wpada na myśl: „A może ona nie dostała lekarstw?". Bingo! Pielęgniarki nie miały czasu. Akurat przyszły jakieś studentki praktykantki. Więc zleciły im podanie lekarstw. Studentki nie bardzo wiedziały, jak to zrobić, ale na zasadzie głuchego telefonu odfajkowano, że wszystko zostało wykonane jak trzeba. To wynik braków kadrowych. A już spóźnianie się z lekami to standard. Pacjent bardzo często zamiast o szóstej rano – dostaje leki w południe. I nie wynika to ze złej woli pielęgniarek, one po prostu się nie wyrabiają, bo jest ich za mało. Jak się nałoży na siebie ileś tam takich zaniedbań, to – jest takie określenie – proces terapeutyczny nie idzie. I lekarz zostaje z frustracją, że mu nie wychodzi.

* * *

REZYDENTKA CHIRURGII ONKOLOGICZNEJ:

Niezwykle mnie poruszyła historia pewnej młodej kobiety. Miała bardzo złośliwy rodzaj nowotworu. Bez chemii mediana czasu przeżycia to sześć miesięcy, a z chemią niecałe dwa lata. Ona miała dziecko w wieku mojego dziecka. To jest straszne. Niewiele można zrobić. Stąd się bierze też zespół wypalenia zawodowego u lekarzy, zwłaszcza zajmujących się onkologią. Nierówna walka, trzeba trochę zmienić swoje podejście. Śmierć jest nieodłącznym elementem życia każdego człowieka. Nie jest porażką lekarza, po prostu jest. Nie zawsze się udaje uratować każdego. To wszystko wypala człowieka.

* * *

LEKARZ Z WARSZAWY:

Zaczynałem pracę w pogotowiu ratunkowym. Trudny kawałek chleba, wytrzymałem zaledwie pół roku.

Co pana wykańczało najbardziej? Stres?

Stres? Pamięta pan sprawę „skór"?

„Łowcy skór", czyli pracownicy pogotowia, którzy pozwalali pacjentom umierać albo ich wręcz uśmiercali, bo za dostarczenie zwłok mieli działkę od firm pogrzebowych. Tylko że to działo się w Łodzi.

W Łodzi? Niech pan przestanie. Wierzy pan, że Łódź była jakaś szczególna? Wszędzie byli „łowcy skór". Przyszedłem do pogotowia i zaraz zrozumiałem, jak to działa.

W jaki sposób się pan domyślił? Nie ukrywali tego przed panem?

Nie. Wręcz przeciwnie. Oni chcieli dzielić się pieniędzmi ze wszystkimi. Nawet ze studentami medycyny, którzy przychodzili do pogotowia na praktyki. W tamtych czasach wielu z nas studiowało medycynę, żeby zmieniać świat. Przychodzili do pogotowia i zderzali się z brutalną rzeczywistością. To było szokujące.

Mówi pan, że dzielili się pieniędzmi ze wszystkimi, czyli...

Tak, ze wszystkimi. To było dużo więcej niż dzielenie się pieniędzmi. To było dzielenie się winą.

Wziąłeś, więc też za to odpowiadasz. Nie możesz donieść, nie możesz zaprotestować, bo bierzesz w tym udział. Też jesteś winny.

Jak to wyglądało?

Dostajemy informację: „Adres taki a taki, pacjent taki a taki, ustanie krążenia". I nagle głos pani doktor dyżurnej: „Nie śpieszymy się, kupiłam drzwi do domu za trzydzieści milionów".

Trzydzieści milionów?

Tak, to było jeszcze przed denominacją w 1995 roku. Dziś to by były trzy stówy. Te „trzydzieści milionów" do dziś brzmi mi w uszach. Wtedy pomyślałem, że muszę się zwolnić.

* * *

BYŁY PRACOWNIK POGOTOWIA:

W pogotowiu wiedzieli o tym wszyscy. Trwało to długo, aż w 2002 roku ukazał się tekst „Łowcy skór" w „Gazecie Wyborczej". Do tego czasu biznes kręcił się doskonale. W szczycie dostawało się dwa tysiące od „skóry". Generalnie pieniądze szły do podziału między trzy osoby: kierowca, sanitariusz i lekarz. Odpalało się też dyspozytorowi. Dyspozytor, kiedy był zgon albo coś mogło skończyć się zgonem, zawiadamiał zaprzyjaźniony zespół. Zespół stwierdzał śmierć i dzwonił do zakładu pogrzebowego. Zakład pogrzebowy płacił za zwłoki, czyli za „skórę".

Z czasem zaczynało dochodzić do bardzo ponurych historii. Dyspozytor wysyłał zespół, który znajdował się najdalej od osoby umierającej, opóźniano reanimację osób starszych. Wszystko z chęci zysku. Bywało, że w ciągu dwunastu godzin dyżuru było siedem zgonów. To były już potężne pieniądze. Sanitariusz miesięcznie zarabiał 1400–1600 złotych, a od skóry dostawał 500 złotych. Czasem panie z kasy na pogotowiu dzwoniły z wezwaniem po wypłatę, bo ludzie zapominali się zgłosić. W jednej dzielnicy zawiązała się nawet spółdzielnia. Trzy zespoły plus dyspozytor dzielili się między sobą pieniędzmi niezależnie od tego, kto pojechał po „skórę". Dzieliło się po równo, więc mogłeś nie mieć przez całą noc „skóry", a rano i tak czekała na ciebie kasa. Ale to już się skończyło.

DZIENNIK SANITARIUSZA

Noc na SOR czerwonym, część I. Noc toczy się powoli. Najpierw wywalam kupy i siki. Potem wyrzucam wory pełne śmieci. Dezynfekuję łóżka za pomocą psikacza, zmieniam prześcieradła, wożę na badania, przekładam pacjentów, odbieram przesyłki z poczty pneumatycznej.

SOR czerwony to oddział, gdzie mają ci udzielić pomocy natychmiast. Potem następują inne kolory ważności pacjentów: żółte, pomarańczowe, zielone. Każdy kolor oznacza dłuższe oczekiwanie na leczenie. Kończy się na niebieskim – trzysta sześćdziesiąt minut.

Karolina, pielęgniarka:

– Oczywiście to fikcja. Czasami nasze korytarze zastawione są łóżkami, tak że nie ma się gdzie ruszyć. Karetki stoją po pół godziny, czekają, aż zwolni się jakieś miejsce. Dzwonimy, że nie dajemy rady, żeby nie przysyłali do nas więcej, ale myślisz, że pomaga?

– Dlaczego tak jest?

– Proste. Wiesz, co to POZ? Zakłady podstawowej opieki zdrowotnej. One są kompletnie niewydolne. Idziesz tam, chcesz EKG, USG, tomografię, RTG. Żeby zrobić wszystkie badania, stracisz kilka miesięcy. Co robisz? Dzwonisz po karetkę. Mówisz o bólu głowy, klatki piersiowej, brzucha. Na SOR robią ci badania natychmiast.

– Dziwi cię to?

– Nie... Normalne, że ludzie znajdują sposoby, jak ominąć niewydolny system. Efekt jest taki, że kiedyś w ciągu nocy docierało do nas pięć karetek z ciężkimi przypadkami. Teraz? Sam widzisz, pacjent za pacjentem.

Co mamy?

Weterana ze stłuczeniami, starszą panią, która się przewróciła na schodach. Sławka, który się nawalił i przypieprzył głową o podłogę. Od Sławka, wytatuowanego, brodatego, ogorzałego, jeszcze zionie, daję mu kwity do podpisania – zgoda na leczenie, osoba upoważniona do informowania się o jego stanie zdrowia.

– Uuu, panie Sławku, ale pana telepie! – Dziwią się siostry.

Wiozę go na oddział z A., sanitariuszką. Tam pielęgniarki się krzywią.

– Co to?

– Sławek.

– Wygląda jak troll. Śmierdzi?

– Nawet nie.

– Przekładamy się, panie Sławku. Dobra była impreza?

Wracamy.

– Co one tak na niego?

– Delikatne. Na SOR-ze można się przyzwyczaić. Przywożą pijanych, bezdomnych, zawszonych. Jak na myjni, doprowadzamy ich do porządku. Chuligani wrzucili kloszarda do toi toia. Też trafił do nas...

* * *

LEKARZ Z MAŁEGO MIASTA:

Jestem często wściekły na pacjentów. Wieczne pretensje, narzekanie, czepianie się. Jednak potem myślę sobie, jak oni muszą być zagubieni. Patrzą na nas przechodzących korytarzami. A my nawet ich nie zauważamy. Nie chcemy kontaktu, żeby wzrokiem nie zachęcać do zadawania pytań. Oni chcieliby nas o coś zapytać, ale się krępują albo się obawiają, że na nich hukniemy. To zwykli szarzy ludzie, z różnym poziomem inteligencji. Przeciętni, małomiasteczkowi, zwyczajni. Skąd oni mają wiedzieć o nowotworach, o przewlekłych schorzeniach, na które zapadli. Oni tego nie ogarniają. Takie dziadulki, chore od lat. A jeśli nie mają rodziny? Albo rodzina jest niewydolna? Siedzą na tych internach, leżą tygodniami w szpitalach. Mówi się: „Zajmują miejsce". Owszem, zajmują, nie powinno się ich tu trzymać. Gdzie jest miejski ośrodek pomocy społecznej? Inne instytucje? Dla tych dziadków to jest nieszczęście, sytuacja bez wyjścia. Prędzej czy później musi się skończyć źle.

Muszą nam zaufać, a my nie mamy dla nich czasu. System odsyła ich od Annasza do Kajfasza. I wtedy sobie myślę: „Jak to dobrze, że jestem lekarzem, jak to dobrze, że jestem w tym systemie". Myślę sobie tak dlatego, że mam matkę i babcię. Gdyby coś, to będę im w stanie pomóc albo skierować ich do swoich kolegów. Zajmę się nimi, ominę za nie kolejki. Innym mogę tylko współczuć.

Rozdział VI
Strach

Pacjentka poczuła cięcie,
była źle znieczulona. Napisała, że było jak
w rzeźni i że odebrałem jej radość macierzyństwa.
Nie wiem, czy ja jej naprawdę odebrałem
radość macierzyństwa. Wiem, że ona odebrała mi
radość leczenia ludzi. Nie mogę zapomnieć
o tej historii. Coś się zmieniło
w moim zawodowym życiu.

Anestezjolog

* * *

STUDENTKA VI ROKU:

Przed szpitalem stoją ludzie i rozdają pacjentom karteczki. Kancelaria prawna reklamuje się, że pomoże złożyć pozew przeciwko lekarzowi. Nagabują pacjentów: „Lekarz był miły? Zapytał panią o to, o tamto, o owo?".

Też biznes. Inna odsłona biznesu.

Prawda, ale jakoś przykro, że pacjenci zaczynają na nas polować. Przecież chcemy im pomóc. Jak być empatycznym, kiedy w tyle głowy kołacze się myśl, że mogą cię pozwać, że czyhają na twój błąd.

* * *

LEKARKA Z DUŻEGO MIASTA:

Na internie rodzina dziewięćdziesięcioparoletniego pacjenta pozwała szpital. Dlaczego? Bo dziadek zmarł. Zmarł ze starości. Ale oni chcieli, żeby dalej żył. Bo miał rentę. Myśleli, że będzie żył zawsze i że renta będzie zawsze. Więc poszli do sądu. Może uda się wywalczyć jakąś kasę za dziadka? Co szkodzi spróbować?

* * *

LEKARZ Z MIASTA POWIATOWEGO:

Połowę z tej kolejki od razu bym wykopał. Z czym przychodzą? Z głupotami. Mam ochotę powiedzieć: „Won!". Ale oczywiście nie mówię.

To już jest jakaś epidemia. Przychodzi do mnie facet, który trzy dni temu skręcił kostkę. Spuchła mu i go boli. Wystarczy, żeby obłożył nogę altacetem. Sam tak robię i jeszcze chodzę, bo nie mogę sobie pozwolić na leżenie. Katarki, przeziębienia. Litości! Naprawdę nie ma potrzeby, żebym w kartę pacjenta wpisywał, że trzeba wziąć ibuprom zatoki.

Ale jestem grzeczny, przepisuję ten ibuprom. Bo różne rzeczy się zdarzają. Na przykład pacjent miał zawał. Źle rozpoznany, wyszedł i po stu metrach padł. Błąd lekarza bardzo dobrze się sprzedaje wśród społeczeństwa: „Wiadomo, niedouczeni, nic nie potrafią, chcą się tylko nachapać, za nic mają nasze zdrowie i życie".

* * *

LEKARKA
Z WARSZAWY:

Ostatnio wychodzę z pracy, a na ścianie wisi kartka z informacją o pomocy prawnej dla pacjentów, jak nas pozwać i dostać odszkodowanie.

Zdaję sobie sprawę, że przez wiele lat pacjent nie mógł dochodzić swoich racji. Nie było takiej tradycji, by pozywać lekarza. Teraz to się zmienia. W końcu mamy kapitalizm. Ale dla nas, a szczególnie dla młodych lekarzy, to jest potężny stres. Pacjenci są coraz bardziej roszczeniowi. Coraz więcej oczekują. Tak jakby im się wszystko należało. Nie wiesz nigdy, czy nie spotkasz się z nim w sądzie, bo są gotowi składać pozwy o wszystko. Nie mam pojęcia, czy sami na to wpadają, przypuszczam, że nie. Stoi przed szpitalem człowiek, rozdaje ulotki i namawia: „Pani przyjdzie, prawnicy doradzą, a może się uda? Może się wygra? Żadne ryzyko, a nuż się uda?". A na nas pada blady strach. Coraz częściej słyszymy o tym, że ktoś dostał odszkodowanie od sądu, choć rzekomy błąd medyczny był mocno dyskusyjny.

Moja koleżanka niedawno została wezwana do prokuratury, żeby złożyć zeznania. Szok! No więc każdy zaczyna się zastanawiać – jak tu leczyć? Jak podejmować ryzyko? Jeśli masz etat, odpowiadasz do trzech pensji, resztę płaci szpital. Gorzej, gdy etatu nie ma, jesteś na wolontariacie albo na kontrakcie.

DZIENNIK SANITARIUSZA

Popołudnie. Zrobili mi burę. Widzieli, jak wiozę pacjenta pod tlenem. Pacjentów pod tlenem przewozić nie wolno – chyba że w asyście pielęgniarki albo lekarza: „Umrze ci i co zrobisz? Będzie na ciebie. Nie wolno brać pod tlenem. Tylko uważaj. Siostry są cwane. Nie chce im się chodzić i zawsze próbują wcisnąć kogoś podłączonego do butli". Sam wiem, że są cwane i wciskają. Najpierw rozkazy, potem prośby…

– Bierzcie ją.

– Nie możemy jej wziąć, siostro.

– Dlaczego?

– Jest pod tlenem.

– I co z tego?

– Stany ciężkie oraz pacjenci pod tlenem mogą być przewożeni tylko w asyście pielęgniarki albo lekarza.

– Dobra, dobra. Potrzymaj rurkę. Nie ma już tlenu.

– Jak to?

– No nie ma, odłączyłam jej. Bierzcie.

– Ale miała tlen…

– Doraźnie, już nie ma, nie widzicie? Bierzcie…

– Nie umrze nam?

– Eee, nie. Nie umrzesz chłopakom, tak, kochana? Nie ma z nią kontaktu. Zmiany alkoholowe. Ale mówię wam, ona przeżyje nas wszystkich. Prawda, kochana? Weźcie rękawiczki, bo ona strasznie śmierdzi. Zobaczcie, jakie ma pazury. Masz pazury, tak, kochana? Jakoś nie można jej domyć. Więcej rękawiczek, no co wy chłopaki! Będziecie musieli ją na RTG przekładać. No i ona się czasami rzuca, więc trzeba będzie przytrzymać. Ale może się wam nie rzuci… Trzeba się nas słuchać, tak, kochana? No dobra, możecie jechać. Nie umrze wam, mówię ci, alkoholicy przeżyją nas wszystkich.

* * *

ANESTEZJOLOG:

Ludzie nie mają świadomości tego, jak działa medycyna, że pewne rzeczy mogą się zdarzyć, że nie da się ich uniknąć. Za każdym razem myślą sobie, że jeżeli coś pójdzie nie tak, to ktoś na pewno popełnił błąd. Zresztą takie jest zapotrzebowanie społeczne – ktoś musi być winny i skazany.

* * *

LEKARZ ONKOLOG:

Szukanie winnych wśród lekarzy nie wzięło się znikąd. To jest reakcja coraz bardziej pewnego siebie, wyedukowanego społeczeństwa na to, co się działo przez lata. Ale wie pan, mnie zawsze przerażała bezradność pacjenta. Był na straconej pozycji. Będzie wojował z bogami? Bóg mu wytłumaczy: „Inaczej się nie dało. Takie są procedury. To się zdarza bardzo często. Jeśli ma pan wątpliwości to proszę spytać innego lekarza". A inny lekarz potwierdzi wersję kolegi, tak jest najczęściej. No dobrze. Pacjent nie uwierzy lekarzowi. Zechce walczyć o swoje. I co? Poda lekarza do sądu? Przecież pacjent przed sądem jest bezradny! Dlaczego? Po pierwsze, środowiska prawników i lekarzy się przenikają. Pacjent znajdzie sobie mecenasa? Mecenas przecież nie zadrze z doktorem, bo każdy mecenas w końcu zachoruje i będzie pacjentem. Poza tym – pochodzę z prowincjonalnego miasta – mecenas z panem doktorem pije przecież koniaczek i gra w brydżyka. A w drugiej parze jest ksiądz z prokuratorem albo sędzią. No dobra, załóżmy, że sprawa idzie do sądu. Przecież sąd się nie zna na medycynie. Nie może oceniać dokumentacji medycznej, diagnozy. Musi powołać biegłego. No i okazuje się, że nie ma skąd wziąć biegłego, nikt nim nie chce być. OK, znaleźli jednak biegłego. To lekarz. Myśli pan, że lekarz będzie świadczył przeciwko lekarzowi? Demaskował jego błędy? Dobra, zakładamy, że biegły jest uczciwym lekarzem. Podchodzi solidnie do sprawy. Bada ją i dostrzega błąd. I co na to *Kodeks etyki lekarskiej?* „Lekarz powinien zachować szczególną ostrożność w formułowaniu opinii o działalności zawodowej innego lekarza, w szczególności nie powinien publicznie dyskredytować go w jakikolwiek sposób". Kodeks mówi także o tym, że o zauważonych błędach należy informować lekarza, który je popełnił, zaś dopiero ostatecznie, gdy taka interwencja jest nieskuteczna, można poinformować izbę lekarską.

Za złamanie *Kodeksu etyki* grożą kary. Nie mam prawa podważać zaufania do zawodu, a za coś takiego może być uznana krytyka kolegi. Jeśli okaże się, że jednak go skrytykowałem, to rzecznik odpowiedzialności zawodowej musi potwierdzić moje zarzuty. Jeśli nie, oznacza to, że naruszyłem dobre imię kolegi. Izba lekarska musi udzielić mu wszelkiej pomocy, by szkoda została naprawiona. Mam więc wojnę z całym środowiskiem i pozew do sądu o zniesławienie. A więc nigdy na to nie pójdę.

Do Rzecznika Praw Pacjenta wpłynęło 71 tysięcy różnych zgłoszeń. Jest to wartość najwyższa od czasu powołania Rzecznika Praw Pacjenta. Świadczy to z jednej strony o stale rosnącej świadomości obywateli o prawach pacjenta, z drugiej zaś o niezadowalającym poziomie poszanowania praw pacjenta. (...)

Prowadzono 1196 postępowań wyjaśniających, w tym:

1) 849 prowadzonych na podstawie pisemnych i osobiście złożonych wniosków pacjentów lub osób działających w ich imieniu;

2) 347 prowadzonych z własnej inicjatywy Rzecznika, m.in. w związku z informacjami pochodzącymi ze środków masowego przekazu bądź od innych organów władzy publicznej, organizacji i instytucji.

Źródło: Rzecznik Praw Pacjenta, sprawozdanie za 2015 rok

* * *

BYŁY URZĘDNIK MINISTERSTWA ZDROWIA:

Ja uważam, że 80, 90 procent lekarzy to są naprawdę uczciwi ludzie, którzy ciężko pracują. Ale jak rzadko pokazujemy coś dobrego w systemie ochrony zdrowia. Przeszczep twarzy, wyjątkowo trudna operacja serca – czasem. Natomiast patologie pokazujemy bardzo często. Włocławek, gdzie podczas porodu zmarły bliźniaki? Czołówki tabloidów. Więc trudno się dziwić takiemu obrazowi lekarzy. Takie sprawy rzucają cień na całe środowisko. Ale teraz spójrzmy na samorząd, który powinien karać lekarzy, którzy są czarnymi owcami. Na sto sześćdziesiąt tysięcy lekarzy mamy kary liczone w dziesiątki. Przeważnie upomnienie, nagana. Kar w postaci odebrania czy ograniczenia prawa wykonywania zawodu prawie się nie spotyka. Taka reakcja następuje dopiero wtedy, kiedy sprawa nabiera medialnego rozgłosu, wkracza prokuratura.

* * *

ANESTEZJOLOG REZYDENT:

To jest dla mnie paskudna sprawa. Pierwsza w moim życiu. I obym nigdy więcej nie miał takiej sytuacji. Do dyrekcji szpitala wpłynęła skarga. Nie konkretnie na mnie, ale ogólnie na anestezjologów. Tyle że przecież wiadomo, o kogo chodzi. To ja wtedy znieczulałem. Skarży się ciężarna kobieta. Mówi, że była źle znieczulona. W czasie porodu, podczas cięcia poczuła nagle niesamowity ból. Napisała, że było jak w jatce. Że poczuła się nieludzko, jak zwierzę w rzeźni. To było jej pierwsze dziecko. I przez błąd, przez to, że znieczulenie nie zadziałało, odebraliśmy jej „radość macierzyństwa". Tak to ujęła.

Faktycznie, znieczulenie nie zadziałało. To było znieczulenie podpajęczynówkowe od pasa w dół. Nic nie czujesz, ale głowa pracuje normalnie. Znieczulenie u kobiet ciężarnych jest specyficzne, zależy od wielu czynników. Na jednego lek działa mocno, na innego działa lżej. Jasne, że to sprawdzamy. Lodem, lekkim szczypaniem. Pytamy pacjenta: „Czuje pan coś, czuje?". Co odpowiadają pacjenci? Najczęściej: „Trochę czuję, trochę nie czuję". I w ten sposób ustala się dawkę znieczulenia.

Ta pacjentka poczuła ból dopiero w trakcie zabiegu. Krzyknęła. Natychmiast została wprowadzona w znieczulenie ogólne. Nawet nie ja je robiłem, tylko moja szefowa, żeby było szybciej, sprawniej. Chcieliśmy oszczędzić pacjentce mojej niepewnej ręki, drżącej już z niepokoju.

Błąd? Tak, ale ocena tego znieczulenia, czy ono działa, czy nie, jest subiektywna. Nie da się tak zrobić, żeby była absolutnie, w stu procentach obiektywna. Zawsze dokładamy wszelkich starań, ale wychodzi różnie. To, co zdarzyło się tej pani, po prostu się zdarza. Potwierdziła to zresztą pielęgniarka. Powiedziała to pacjentce. I pacjentka wykorzystała to w swoim piśmie. Napisała: „Nawet pielęgniarka mówi, że to się zdarza. Zdarza się nagminnie, bo tak w państwa szpitalu traktuje się kobiety" – w takim stylu był ten wywód.

Na razie sprawa jest w dyrekcji. Pani żąda ukarania winnych, a dyrektor szpitala się do tego przyłączył. Też żąda ukarania winnych.

To dla mnie jest niesamowicie bolesne. Przecież dyrektor mógłby powiedzieć, że żąda wyjaśnienia sprawy. Byłoby miło, gdyby dodał, że wierzy w swój personel. Ale on już *de facto* orzekł o naszej winie. No więc sprawa będzie wyjaśniana. A za jej wyjaśnienie odpowiedzialny jest lekarz ginekolog. On nas będzie oceniał, co już samo w sobie jest dziwaczne. Myślę zresztą, że to nie koniec całej sprawy.

Dlaczego?

Zastanawia mnie ten szczegół pisma, że „odebraliśmy jej szczęście macierzyństwa". Wpadła na to, że jej odebraliśmy szczęście macierzyństwa po ośmiu miesiącach?

Myślisz, że jakiś prawnik podpowiedział tej pani rozwiązanie: „Piszemy, zaczynamy sprawę, są pieniądze do wygrania"? Myślisz, że ta pani będzie walczyła o odszkodowanie?

Nie chciałem tego mówić, ale po przeczytaniu pisma zaczynam się nad tym zastanawiać. Nie wierzę, że jakiejś matce można odebrać szczęście macierzyństwa, a już na pewno nie poprzez to, że czuje ból podczas porodu, nawet taki, który powstał z winy lekarzy. Nie wiem, czy ja jej naprawdę odebrałem radość macierzyństwa. Wiem, że ona odebrała mi radość leczenia ludzi. Nie mogę zapomnieć o tej historii. Coś się zmieniło w moim zawodowym życiu.

Co?

Nie jestem w stanie zaufać pacjentom. Patrzeć na nich tak jak kiedyś. Staram się, ale w tyle głowy zapala się ostrzegawcza lampka. Uwaga na słowa, uwaga na czyny. Być może czyha na mnie jakaś pułapka. Może chodzi o to, żeby mnie na czymś złapać, otworzyć sobie drogę do zaskarżenia mnie w sądzie.

* * *

DOŚWIADCZONY CHIRURG
Z WARSZAWSKIEGO SZPITALA:

Pyta mnie pan o strach. On jest obecny nieustannie. Strach odpowiedzialności.

Dam taki przykład z mojego doświadczenia. Na koniec miesiąca spływają grafiki na następny miesiąc. Dyrektor medyczny powinien zwrócić uwagę na to, że brakuje lekarzy. A brakuje ciągle, bo za mało płacą i ludzie nie chcą pracować. Pewnego dnia skończyły się żarty, zabrakło obsady na szpitalnym oddziale ratunkowym. Tam powinien siedzieć facet, który ma kwalifikować pacjentów do szpitala albo wypisać ich do domu. I ma to być bardzo doświadczony lekarz. Bo jak kogoś wypisze i ten ktoś się przekręci, będzie afera na pół Polski. To nie może być gamoń rezydent, tylko fachowiec. Nazywa się to lekarz czerwony, czyli najważniejszy lekarz, od najtrudniejszych przypadków. Najczęściej to jest anestezjolog albo lekarz medycyny ratunkowej. Do tego powinien być chirurg i internista.

A ilu tego dnia wyznaczyli lekarzy?

Tylko chirurga. Osiem dyżurów takich było w jednym miesiącu.

A pozostali lekarze?

Nikogo. Jeszcze niedawno to byłoby nie do pomyślenia – SOR bez obsady to kryminał. Ale teraz wszystko przechodzi. Przyjechał jednak dyrektor medyczny i wydelegował anestezjologa. Tylko że on akurat miał dyżur. W szpitalu anestezjologów jest dwóch. Jeden od tego, żeby obstawiać położnictwo. Musi być zawsze w gotowości, porody przecież zdarzają się przez całą dobę. Drugi zabezpiecza resztę szpitala – blok operacyjny, reanimuje na oddziałach, zakłada wkłucia itd. Tego drugiego oddelegowano na SOR, a więc szpital został bez obstawy. Czyli gdyby na jakimś oddziale potrzebna była reanimacja... Proszę pana, dopóki nikt nie umrze, wszystko jest OK, ale niedługo to się skończy tragedią. Proszę sobie wyobrazić tę sytuację. Przychodzi pan do pracy i dowiaduje się, że nie jest obsadzony dyżur. Czyli jest pan sam. Brać na siebie taką odpowiedzialność? Ale przecież nie można założyć palta i wyjść! Tam są chorzy! Przywożą ich karetki!

* * *

MŁODY LEKARZ:

Jasne, że się boję. Najbardziej tego, że kiedyś popełnię błąd. Na studiach wprost mówili, że nie ma takiego lekarza, który by nie popełnił błędu: „Nie tak zbadałem, nie to lekarstwo podałem, za późno. Może gdyby kto inny go zbadał, toby żył?" Takie myśli ma moim zdaniem każdy lekarz. Tylko żeby to nie była – jak mówią – cała alejka na cmentarzu. Ludzie popełniają błędy. Czy to sędzia, czy policjant. Ale w naszym zawodzie błędy kosztują wyjątkowo dużo. Boję się, że popełnię błąd z przepracowania. Bo jak się potem bronić? Przed sądem mnie zapytają: „Kto panu kazał dyżurować trzecią noc z rzędu?". „No, życie mi kazało, bobym nie miał za co pojechać na kurs, który musiałem zrobić, żeby skończyć specjalizację". Ale pacjent zmarł i kogo obchodzi takie tłumaczenie?

Noc na SOR czerwony, część II. Przyjeżdża staruszka. Zwiędła, przygarbiona, zgięta w cztery. Zajmuje mniej niż połowę wąskiej kozetki.

Doktor D.:

– Zobacz ten przypadek! Dziewięćdziesiąt cztery lata, zachłyśnięcie.

– No i co? Przecież ludzie w tym wieku zachłystują się?

– To nasza stała pacjentka. Oną „zachłystuje" się regularnie. Ma już zachłystowe zapalenie płuc. I co to znaczy?

– Nie wiem.

– Rodzina karmi ją na siłę. Wmusza żarcie. Jak się już dusi, wołają karetkę. Straszne? Starość. Nie chciej być stary.

Kobieta ma maskę z tlenem, mimo to oddycha z trudnością. Jest tak chuda, że maska zsuwa się jej z nosa. Wtedy zaczyna kaszleć. Gdy ją wieziemy na RTG, zamiera. Myślę, że już po niej, ale znów kaszle.

Doktor D.:

– Zobaczysz tu mnóstwo starych ludzi…

Widzę. Samotnych. Nikomu niepotrzebnych, starych ludzi. Opowiadają mi historie sprzed wojny światowej, chwalą się dziećmi, które nie znalazły czasu, by być tu z nimi.

Kolejna staruszka.

– Ona ma kogoś z rodziny? – pytają mnie na neurochirurgii.

– Ona tak.

– Kogo?

– Był syn. Wziął ciuchy, podpisał kwit i zniknął.

– Ożeż kur…

Jego matka brała udział w wypadku samochodowym. Była pasażerką auta, które uderzyło w drzewo. Uraz czaszki. W pampersie, naga do połowy, zrzuca z siebie kołdrę. Przykrywam ją, kiedy mogę, ale nie mogę tego robić ciągle.

– Faktycznie, kur…, gdzie jest syn?

Starzy ludzie są samotni.

Gdy pomagam Karolinie we wkładaniu przez nos sondy żołądkowej:

– Dlaczego ma pani taki spuchnięty brzuch?

– Dawno się nie wypróżniałam.

– Kiedy ostatnio?

– Dziesiątego.

– To dwanaście dni temu. Na pewno?

– Tak…

– Będzie bolało, proszę przełykać jak gruby makaron, proszę nie kaszleć, nie wymiotować, proszę przełykać. Przełykaj, kochana, masz nie kaszleć. Pięknie.

Są sami, gdy pomagam zakładać im cewniki.

– Rozłóż nogi, kochana.

– Muszę?

– Tak, szeroko. Ty podaj mi gazik bez dotykania gazika, teraz podaj cewnik.

– AAAAA!

– Musi boleć, kochana. Nawilż go.

– AAAAA!

– Nogi szeroko.

Patrzę na zwiędłe łona starych kobiet. Na ich zapadłe piersi. Staruszki jakby straciły trzeci wymiar. Są płaskie, suche jak jesienne liście. Poddają się bólowi, wstydowi z przekonaniem, że przeznaczenia nie są w stanie zmienić. Czasem tylko wystękają:

– Niech pan nie będzie stary. Nie warto.

Staram się nie patrzeć. Wykonywać polecenia Karoliny mechanicznie. Celowo pozwalam odlatywać myślom gdzieś daleko, nad piaszczyste karaibskie plaże pełne pięknych, półnagich kobiet. Nic z tego. Widzę tylko suche liście.

Ból jest wszędzie.

– Panie doktorze...

– Nie jestem doktorem.

– Boli mnie, błagam pana...

– Zapytam.

– Błagam, proszę.

SOR pełen jest stękania. Drugi monotonny dźwięk: tuuu – tam, tuuu – tam. To aparat pokazujący na monitorze rytm serca. Tuuu – tam oznacza, że pacjent żyje.

Stękanie, tuuu – tam i kolejne karetki podjeżdżające pod drzwi. Młode dziewczyny, które zupełnie odjechały. Krzyczą na matki, rwą wenflony, patrzą na doktora D., który przecież jest wyjątkowo przystojny.

Doktor D. jest kompletnie obojętny na otaczającą go rzeczywistość:

– Zaprowadźcie panią do psychiatry.

Pytam go, od kiedy jest na dyżurze.

– Od szóstej rano.

Jest północ.

– Osiemnaście godzin?

– No!

– Kojarzysz jeszcze?

– Spokojnie, zaraz idę spać. Bo zejdzie mi tu dziś do południa.

Dyżur trwający trzydzieści sześć godzin? Dobre.

Doktor D. jest tu wielbiony, jest tu bogiem impregnowanym na zewnętrzny świat.

– Z każdym rokiem pracuję więcej. Jest coraz gorzej – mówi mi.

Z Karoliną też rozmawiają o pracy. O tej lekarce z wewnętrznego, która targnęła się na życie na dyżurze. Odratowali ją na SOR-ze.

– I dlaczego? Trzyletnie dziecko w domu.

– Daj, kur..., spokój! Jak masz sześć zgonów na dyżurze? Masz prawo się załamać?

– Masz.

– No widzisz.

– Tylko wiesz, że to nie koniec?

– Jak to?

– No, pielęgniarka z wewnętrznego to samo, tylko w domu.

– O, ja pierdolę! Ludzie pękają.

* * *

MŁODY LEKARZ:

Świeży jestem. Skończyłem studia, trzynaście miesięcy stażu i dopiero od roku robię anestezjologię. Już w zeszłym roku zacząłem dyżurować w nocnej opiece lekarskiej. Przez ten czas sporo się napatrzyłem. I moja refleksja jest prosta. System jest już wyżyłowany na maksa. Lekarze biegają od pracy do pracy, pielęgniarki, ratownicy. Nikogo już nie obchodzi, kto ile pracuje. Liczy się tylko to, żeby jakoś załatać dziury, braki kadrowe. Tak więc wszystko się zgadza, przynajmniej na papierze. Koledzy, bardzo młodzi lekarze, samodzielnie dyżurują, choć ich wiedza i doświadczenie nie są do tego wystarczające. Tak naprawdę lekarz anestezjolog przez dwa pierwsze lata nie powinien mieć całodobowego dyżuru. Ale kogo to obchodzi? Mój kolega z roku samodzielnie dyżuruje na chirurgii. Chociaż też jest świeży, dopiero po roku rezydentury. Ale jak na przykład jest Wielkanoc, to który ze starych lekarzy zostanie? „Niech młody ciągnie. Zasuwasz, młody! Dasz spokojnie radę! No dasz, dasz. Zdolniacha. Dobra, panowie, idziemy".

I idzie się na ten dyżur z duszą na ramieniu. A jak się coś stanie? A jak trzeba będzie znieczulić? A jak trzeba będzie zoperować? Jakaś pilna operacja, wypadek. Co wtedy?

Starsi koledzy powinni być pod telefonem: „Jakby co, to dzwoń, na razie, młody". Bo starsi w związku ze świętami mają spokój, a pan doktor sobie nabędzie doświadczeń na dyżurze, a jakby coś się stało, to ma dzwonić. Oni pod telefonem? W Wielkanoc? Ha, ha! A niech się na przykład autobus rozpieprzy i nam tu przywiozą ofiary. Co wtedy? Potworny stres, potworny strach to nasza codzienność.

Rozdział VII
System

Zawsze irytowało mnie chamstwo
sanitariuszy. Nie potrafiłam się pogodzić z tym,
jak traktują pacjentów. Brutalność, bezczelność.
Zwracałam uwagę, reagowałam.
Ostatnio na oddziale byłam świadkiem,
jak taki osiłek sadzał starszego pana na wózek.
– Siad! Co ja powiedziałem? Siad!
Złapałam się na tym, że nawet
nie odwróciłam głowy. Nie miałam już siły.

Lekarka z dużego szpitala w mieście wojewódzkim

* * *

ORTOPEDA:

Przyjechał facet na konsultację ortopedyczną do protezy stawu kolanowego, prywatnie, za pieniądze. Państwowy zabieg miał wyznaczony na 2025 rok, a wizytę konsultacyjną na 2019. To są jakieś jaja. Poza wszystkim jak można umawiać kogoś na 2025 rok dziesięć lat wcześniej. Przecież nikt nie ma tak długich umów z NFZ, żadna placówka! Wobec tego nie możesz obiecać komuś, że zrobisz mu zabieg w 2025 roku, bo nie wiesz, czy będziesz miał umowę. To po prostu jest żenujące.

Mówi pan, że pacjent przyszedł na prywatną konsultację, czyli za pieniądze.
Może to jest rozwiązanie problemu?

Owszem, ale na poziomie porady lekarskiej, drobnego badania. Natomiast nie jest to rozwiązanie problemu na poziomie nawet średnio skomplikowanej procedury, bo po prostu pacjenta na to nie stać. Wyłączamy jakichś ekstremalnie bogatych ludzi, mówimy o przeciętnych pacjentach. Przychodzą do mnie, do prywatnej kliniki, za pieniądze jakieś babcie, emerytki, rencistki. Widać, że muszą sobie od ust odjąć, żeby tu przyjść. No ale skoro ktoś im wyznacza bezpłatną wizytę za rok, dwa? To co mają robić, czekać? Czują ból, więc wolą sobie odjąć od ust. To jest strasznie krępujące. Dziwnie się z tym czuję, kiedy przychodzi do mnie taka babcia. Moja konsultacja jest i tak ograniczona. Nie mogę przecież przeprowadzić operacji w prywatnym gabinecie. Co mogę? Dać na przykład jakieś wskazówki albo powiedzieć, co jeszcze musi zrobić – czyli za co i komu jeszcze musi zapłacić w kolejnym gabinecie. Ale kogo stać na to, żeby wyłożyć lekką ręką 500 złotych na wykonanie rezonansu magnetycznego? A rezonans to znowu nie jest taka bardzo skomplikowana i kosztowna procedura. Mogę oczywiście poinformować taką babcię, do jakiego szpitala może pójść. A tam się dowie, że już za trzy czy cztery lata będzie miała wykonany zabieg. W sumie mogę niewiele więcej. To dość potworne poczucie.

Zaniżony poziom finansowania widoczny jest w wielu dziedzinach medycyny, w szczególności: anestezjologii i intensywnej terapii, genetyce klinicznej, urologii, chirurgii ogólnej. W wielu przypadkach niedofinansowanie poszczególnej dziedziny medycyny wiąże się z wydłużeniem kolejki pacjentów oczekujących na udzielenie świadczenia zdrowotnego w poradni ambulatoryjnej opieki specjalistycznej, na przykład chirurgia naczyniowa, urologia i nefrologia dziecięca.

Źródło: Rzecznik Praw Pacjenta,
sprawozdanie za 2015 rok

* * *

LEKARZ Z WARSZAWY:

Agresję pacjentów można spokojnie zrozumieć. Są tylko ludźmi, a system ochrony zdrowia – niedofinansowany, pełen zmęczonych, sfrustrowanych lekarzy – uderza właśnie w pacjentów. W szpitalu, w którym pracowałem, brakowało dosłownie wszystkiego, między innymi kadry pielęgniarskiej. Dochodziło na przykład do takich sytuacji. Pacjent był przygotowywany do kolonoskopii. To bardzo nieprzyjemne badanie, dostaje się leki przeczyszczające, nie można nic jeść, prawdziwa głodówka. I tak przez cały dzień. Badanie wieczorem. Lekarz wystawił skierowanie. Następnego dnia rano przychodzi do pracy. Na skierowaniu uwaga: „Nie zaprowadzono pacjenta na badanie z powodu braku personelu". Badanie przełożono na następny dzień. Pacjent drugi dzień na głodówce, kolejny dzień w oczekiwaniu na nieprzyjemne badanie. W sali pojawia się lekarz. Wściekły pacjent robi awanturę. Ma rację? Ma rację. Tylko że lekarz jest zupełnie niewinny. Umówił badanie, zostawił skierowanie i to badanie powinno być wykonane. Ale nie było personelu. Następnego dnia sytuacja się powtarza! Znów dopisek na skierowaniu: „Nie przeprowadzono z powodu braku personelu". Być może sanitariusze i pielęgniarki się nie wyrobili. Być może powinno być ich więcej albo powinni wydajniej pracować. Ja nie wiem. Wiem, że lekarz znów oberwał nie za swoje. I trudno mieć o to pretensje do pacjenta.

Tak wygląda codzienność. Zawsze jest więcej pacjentów niż łóżek. Łóżka się dostawia na korytarzu, wszędzie, gdzie tylko jest kawałek miejsca. Można powiedzieć: trudno, takie warunki, ale chcemy leczyć. Pojawia się jednak kolejny problem. Jak się za dużo tych łóżek dostawi, to nie ma poduszek dla pacjentów. Każdego dnia na moim oddziale wybuchała awantura zaczynająca się od słów: „Nawet poduszki w szpitalu nie ma!". Nie dziwię się, bo przecież źle się śpi bez poduszki. Człowieka coś boli, jest zdenerwowany, z dala od rodziny, czeka na zbieg, leży na korytarzu, bez cienia intymności. I nawet poduszki nie dostanie. Musi się na kimś wyżyć. Na kim? Komu się dostaje? Lekarzowi, który pierwszy pojawi się rano. Przychodzi i pacjent wylewa wszystkie swoje żale. Bo to szczyt wszystkiego, że nawet poduszki nie dostał. Jakim prawem? To jest opieka? On płaci podatki i zgłosi to do Rzecznika Praw Pacjenta. I co ja mam zrobić? Wsiąść do auta, pojechać do Ikei kupić mu poduszkę?

Umieszczanie pacjentów na łóżkach w korytarzach jest niezgodne z przepisami prawa. Jest to jednak praktyka stosowana przez podmioty lecznicze, gdyż przepisy prawa nakładają na podmioty lecznicze również obowiązek przyjmowania pacjenta w stanie zagrożenia życia lub zdrowia bez względu na to, czy placówka dysponuje wolnymi łóżkami.

Źródło: Rzecznik Praw Pacjenta,
sprawozdanie za 2015 rok

* * *

PRACOWNICA ZWIĄZKU ZAWODOWEGO
W OCHRONIE ZDROWIA:

Dzwonią do nas ludzie, żeby załatwić przyjęcie do szpitala albo do specjalisty. Po znajomości. Każdy kogoś zna, inaczej się w tym systemie nie da przeżyć.

Podam panu przykład. Moja koleżanka jeździła z chorym na alzheimera mężem. Od szpitala do szpitala. On upadł, poturbował się. W jednym szpitalu nie ma miejsc, w drugim nie ma miejsc. Ludzie niezbyt zamożni, emeryci. Jeżdżą więc autobusami. Jej mąż obolały, w siniakach, no i z alzheimerem, nie wie, co się z nim dzieje, jęczy, widać, że go boli. Koleżanka dzwoni do mnie z płaczem. Ja do znajomej pani dyrektor szpitala: „Jasne, niech przyjeżdżają!". Przyjechali. Okazało się, że on miał złamaną rękę. Jeździł autobusami ze złamaniem. Co to znaczy? Że w szpitalach, w których byli, nikt go nawet nie chciał obejrzeć, nikt się na nim nie pochylił. Wszyscy mieli go w dupie. No k... mać, myślę sobie i znów dzwonię do pani dyrektor. „Dziękuję, dziękuję, ale wiesz, on ma złamaną rękę, nikt go wcześniej nawet nie obejrzał?" „Nie wiesz dlaczego!? Wszyscy się boją alzheimerów, bo rodziny, żeby się ich pozbyć, podrzucają ich do szpitala. A potem znikają. Nie zgłaszają się po nich. I potem taki alzheimer nam zalega".

* * *

LEKARZ ANESTEZJOLOG:

Nie oszukujmy się, niebawem publiczny system ochrony zdrowia będzie czymś w rodzaju systemu dla biedoty. Tak jest w Ameryce, gdzie szpitale publiczne to takie przytułki, często prowadzone przez Kościół. Zresztą to już się dzieje, coraz więcej ludzi leczy się tylko prywatnie. Ja też, mimo że jestem lekarzem, nie korzystam z „państwowej służby zdrowia", chodzę do prywatnych gabinetów. W państwowych czeka się długo, bywa niemiło. A prywatna wizyta? Moim zdaniem nie jest droga. Nie do końca rozumiem ludzi. Zdrowie się pogarsza, a my żałujemy stówy na wizytę? Wydać stówkę na mechanika albo fryzjera jest OK, a wydać stówkę na lekarza to już dramat?

* * *

DOŚWIADCZONY CHIRURG:

Ludzie nie rozumieją, że medycyna to są duże pieniądze. Nie takie, które uzbiera pan Kowalski, nawet jeśli jest dość bogatym człowiekiem. On może sobie uzbierać na leczenie przeziębienia albo operację zaćmy. Ale są dziedziny medyczne potwornie drogie, czyli onkologia, transplantologia, kardiologia inwazyjna. Słyszę nieraz: „Płacę składkę zdrowotną od dziesięciu lat, a nie choruję. Po co mi ta składka? Gdybym odkładał na konto, byłoby mnie stać na wszystko".

No ile człowiek sobie odłoży? Dwadzieścia tysięcy złotych? A jeśli po dziesięciu latach okaże się, że jakaś pani ma raka piersi? Przez pięć kolejnych lat będzie dostawała chemioterapię. A miesięczny cykl kosztuje 40 tysięcy złotych. Przecież po dwóch miesiącach ona zbankrutuje. Całe społeczeństwo składa się właśnie na takie przypadki.

A gdyby było tak jak w Europie Zachodniej, gdzie są ubezpieczenia, ale pacjent za wizytę u specjalisty płaci dodatkowo 20 czy 30 euro? Gdyby u nas płacił 20 złotych, nawet 15 złotych, to już by było coś. Po pierwsze, zlikwidowałoby się wiele bezsensownych wizyt pacjentów, a po drugie, ludzie zaczęliby bardziej szanować wizyty u lekarza. Wiele osób chodzi do lekarza tylko po to, żeby pogadać, bo nie ma z kim. Mnie się wydaje, że ludzie muszą zacząć płacić, bo inaczej się nie da. Tylko nie ma woli politycznej, żeby wprowadzić współpłacenie, bo ktokolwiek rządzi w tym kraju, boi się o tym mówić.

* * *

LEKARZ INTERNISTA:

Lekarze są zarzuceni tonami papierów. Na wszystko muszą być podkładki, ciągle wymyślają jakieś nowe procedury, które mają opisać całą rzeczywistość, ograniczyć pole manewru i dowolność. A oczywiście życie się wymyka. Do tego dla trudnych spraw, na granicy rozwiązywalności, nie ma procedur. Tak na przykład jest z samotnymi starymi ludźmi, którzy pojawiają się w szpitalach i których nikt potem nie chce odbierać. Gdzie tutaj w papierach jest jakieś rozwiązanie dla pana Kowalskiego, którego rodzina przestała już kochać? Gdzie jest ścieżka rozwiązania sytuacji z nieszczęśliwym, starym człowiekiem, który traci kontakt z rzeczywistością, po którego nikt się nie zgłasza? Gdzie jest ten klucz? Pomoc społeczna? Tak, będę sprawiedliwy, słyszałem o przypadkach, kiedy pomogła, ale są to sporadyczne historie. Najczęściej spada to na „służbę zdrowia". I proszę to zapisać w cudzysłowie, bo my, lekarze, nie lubimy tego określenia. A więc w tej „służbie" wszystko i tak zależy od konkretnego człowieka, a nie od procedur. Czy ma dobre chęci, czy złe. Pomoże czy nie pomoże.

A najczęściej jak się zachowa?

Najczęściej będzie chciał zastosować „spychologię", czyli pozbyć się problemu, sprzedać go gdzie indziej.

* * *

LEKARZ Z MIASTA POWIATOWEGO:

Powiedz, dlaczego nie lubicie, jak się mówi „służba zdrowia"?

Służba zdrowia? Niech nam płacą jak za służbę i po piętnastu latach zwalniają do cywila, czyli na emeryturę mundurową. (*śmiech*) Ale tak nie ma i lekarz musi dyżurować do końca. Znam lekarza, osiemdziesiąt sześć lat chyba, alergolog i pediatra, przyjeżdża na dyżury, zasuwa. Jest całkiem krzepki, długa praca nie jest zła. (*śmiech*)

Może z przyzwyczajenia to robi, żeby się nie nudzić?

Może tak być, ale może potrzebuje pieniędzy, ma tych dyżurów całkiem sporo. Podziwiam, dziadek nieźle się trzyma, wygląda na siedemdziesiąt parę lat! Ale słyszałem, że jest taki, który ma dziewięćdziesiąt lat. Operuje rozszczepy podniebienia u dzieci, bo nie ma następcy.

* * *

LEKARKA,
SZPITAL W NIEWIELKIEJ MIEJSCOWOŚCI:

Nasz szpital nie ma własnego laboratorium. Rano o ósmej przyjeżdża kurier z laboratorium, zabiera próbki z dnia poprzedniego. Następny jest o jedenastej. Jeśli się zdąży, wyniki będą na piętnastą. Jak się człowiek nie wyrobi na jedenastą, można zlecić badanie na cito. A badania na cito kosztują trzy razy więcej. I później ordynatorzy słyszą na zebraniu, że mamy nie zlecać badań na cito, bo szpital nie ma na to pieniędzy. Dylemat – nie narażać dyrekcji i nie zlecać badań na cito? Czy może nie ryzykować zdrowia pacjenta?

Stara się pani unikać tych badań na cito?

Gdybym widziała realne zagrożenie dla życia pacjenta, nie wahałabym się zlecić. Ale to prawda, że staram się ich unikać. Bo gdy słyszę od ordynatora, że mam nie zlecać, bo dyrekcja później ma pretensję, to co robić? Staram się nie zlecać.

* * *

PSYCHIATRA:

Procedury? Są, tysiące. Tylko co z tego? Mówiłam panu, że w dużym szpitalu psychiatrycznym nie ma OIOM-u, a pacjenci mają też przypadłości somatyczne. I jeśli na przykład człowiek ma zawał, należy go wywieźć do innego szpitala. Dzwonię, z trudem załatwiam miejsce, wspominałam, że chorego psychicznie nikt nie chce. Pacjenta trzeba więc wcyganić, nie wystraszyć kolegi z innego szpitala, nie mówić na przykład o ostrych psychozach.

A jak się wcygani?

No to jedziemy. Mamy karetkę, ale w niej z pacjentem, którego życie jest zagrożone, powinien jechać lekarz specjalista, na przykład ratownictwa medycznego. Nie rezydent psychiatrii. No, ale jedziemy, bo pacjentowi gwałtownie spada ciśnienie. Nie wiem, co robić. Nie wiem, co mu jest, nie znam historii choroby.

Jak to pani nie zna?

Pacjent nie jest z mojego oddziału. Poszłam na „jego" oddział. Gdzie dokumentacja medyczna? W pokoju. A gdzie pokój? Tutaj. No i? Jest w szafie. A gdzie szafa? Tutaj. Zamknięta. Gdzie klucz? Gdzieś powinien tu być. Taki tu jest standard. Boję się, że facet zejdzie, nie ma czasu. Jedziemy. Pacjent dostaje napadu padaczki w karetce. Napad przechodzi w stan padaczkowy. Dojeżdżamy do szpitala. Wychodzi pani doktor:

– I co, padaczkę mi pani przywozi? Przecież macie swoją neurologię? Po co mi tutaj padaczka?

– No ja nie wiedziałam, temu panu gwałtownie spadało ciśnienie...

– Jak to pani nie wiedziała, przecież to pani pacjent?

I co mam robić? Tłumaczyć, że mam pod sobą czterysta łóżek, że historie choroby są na oddziałach, w szafach, do których klucz..., że dopiero zaczynam dyżurować, że się boję, że mi umrze. Nic nie mówię, słucham. A ona po mnie jedzie. I zawsze jest tak samo. „Co wy mi tu przywozicie? Jak to pani nie wie, co mu jest? Przecież to z pani szpitala". Modlę się, żeby go odratowali i wysłuchuję opowieści: „A ten doktor z pani szpitala to przywiózł ostatnio pacjenta z plamami opadowymi. No, rozumie pani, trupa przywiózł. To już lepiej nie wozić".

Napisaliśmy pismo do dyrekcji, że procedury są niejasne, że w karetce musi być specjalista od ratowania życia. Dyrekcja zrobiła zebranie: „Przypominamy, że wszyscy państwo są ubezpieczeni". Czyli my mówimy, że boimy się wozić pacjentów, bo możemy nie uratować kogoś, kto umiera, a szpital na to „Spoko, nikt was nie ruszy, macie OC".

* * *

UROLOG:

Szpital to nie może być fabryka. On nie ma przynosić pieniędzy i zarabiać na siebie, tylko ma pożytkować pieniądze na pomoc ludziom. Przecież nie jest tak, że ja zlecam tysiące badań, bo taki mam kaprys. Robię to, co muszę, żeby pacjenta przywrócić do ładu i składu. Tymczasem mam wrażenie, że NFZ chodzi nie o ludzi, tylko o oszczędności. Nagrodę dostaje dyrektor nie za to, że jego pracownicy skutecznie leczą, ratują życie, ale za to, że zaoszczędził pieniądze, czyli za to, że wszystko się limituje. Dlatego my, lekarze, zastanawiamy się: „Czy pacjent wymaga takiego i takiego badania?". Przecież to podraża jego leczenie! Nie powinienem o tym myśleć. Powinienem się zastanowić, co zrobić, żeby człowiek wyzdrowiał i poszedł stąd do domu.

* * *

LEKARZ
Z DUŻEGO SZPITALA W WARSZAWIE:

Zabiegówka działa tak, że szpital dostaje pieniądze za tak zwaną procedurę. Czyli ma pan człowieka z guzem nerki. I trzeba, załóżmy, usunąć mu tę nerkę. Pacjent A przychodzi z guzem nerki, jest na drugi dzień operowany, wychodzi po tygodniu. Super! Pacjent B przychodzi z guzem nerki i jest operowany na przykład za trzy dni, bo trzeba mu jeszcze zrobić badania. Po operacji coś się wikła. Zamiast wyjść po dwóch tygodniach, leży dwa miesiące. Za tego i tego pacjenta zapłacą panu tyle samo, ponieważ NFZ płaci za procedurę chirurgiczną. A u obu pacjentów została wykonana ta sama procedura. Pacjent, który leżał tydzień, przynosi zysk. Drugi pacjent przyniósł duże straty. Doba pobytu tutaj kosztuje 450 złotych, w Marriotcie są lepsze warunki i taniej. W ten sposób szpitale się zadłużają. I tu zaczyna się paranoja, włącza się myślenie: czy trzeba zlecać tyle badań? Przepisywać tyle leków? Trzymać pacjenta tak długo? Przecież rosną koszty!

* * *

SZEFOWA POZ:

Uważam, że powinno być tak jak na Zachodzie, na przykład w Niemczech. Doktor POZ idzie do szpitala i tam rozmawia z lekarzem prowadzącym na temat swojego pacjenta. Wręcz mu sugeruje, jaki powinien być tok leczenia. Bo znam pacjenta, jest mój. Tymczasem jak dzwonię do szpitala i pytam, co tam u mojego pacjenta, to mi odpowiadają, że przez telefon nie udzielają informacji, a poza tym nie jestem z rodziny, więc mi też nie udzielą, nawet jak przyjdę. A uważam, że to tak powinno być, że znam lekarzy na tyle tutaj, że sobie jadę do szpitala, oni wiedzą również, że jestem lekarzem, i ze mną na ten temat rozmawiają. Ale ja mam tylko zawierać z nimi umowy i jeszcze im za to płacić. Oni chcą w ten sposób ograniczyć kolejkę do specjalistów. NFZ wymyślił, że jeśli ja będę płaciła specjalistom, to będę kierowała tam mniej pacjentów, bo „doktory przecież chytre są".

A nie będzie pani tego ograniczała?

Nie, nigdy nie ograniczałam na przykład swoich lekarzy, żeby nie dawali tak dużo skierowań. Zawsze uważam, że takie skierowanie to jest jednak ochrona naszego tyłka. Jak zrobię badania, a pacjent zejdzie, no to zawsze jestem chroniona. Jednak prawdą jest, że system mnie zniechęca do takich działań. Najlepiej wyszłabym na braku skierowań na badania i do specjalistów. No więc pytam – gdzie tu jest interes pacjenta, jak NFZ i ministerstwo dbają o ten interes? To dla mnie jest maksymalnie porypane.

* * *

CHIRURG:

Nasz oddział ma 500 tysięcy złotych straty. I choćbyśmy nie wiadomo co robili, nie jesteśmy w stanie tego zminimalizować. To jest oddział zabiegowy, zawsze będziemy mieli powikłania, bo taka jest chirurgia. Sprzęt mamy całkiem niezły, materiałów używamy takich, jakich się używa w Europie Zachodniej. Ale na tym, na czym da się oszczędzać, to się oszczędza. Kupują nam chińskie rękawiczki i chińskie ostrza, które po przecięciu skóry są już tępe, do wyrzucenia.

* * *

UROLOG:

Konsultowałem pacjenta na innym oddziale, wymagał uzupełnienia diagnostyki. Zlecam dodatkowe badanie. I nagle słyszę panią doktor: „Szef nie pozwala im robić tyle badań". To jest chore.

* * *

BYŁY URZĘDNIK MINISTERSTWA ZDROWIA:

Na samej górze są profesorowie, ordynatorzy. To oni mają największy wpływ, oni zarządzają, a nie dyrektorzy szpitali. To jest potężna grupa nacisku. Mająca wpływy w mediach, potrafiąca mobilizować opinię publiczną.

* * *

BYŁY URZĘDNIK NFZ:

Jak to działa? To bardzo proste. NFZ ma budżet. Część rzeczy można finansować, części nie. No więc mamy dziecko, które choruje na jakąś nieuleczalną chorobę. Profesor mówi rodzicom: „Szanowni państwo, ja nic nie mogę zrobić. No ale jest taka metoda, eksperymentalna. W Stanach już to robili. Pewności nie ma, ale można spróbować. Tylko że NFZ tego nie refunduje. Może państwo spróbujecie" i podsuwa wizytówkę dziennikarki na przykład z telewizji. Rodzice dzwonią: „Ratunku, błagamy, niech pani pomoże uratować dziecko!". Dziennikarka jest wrażliwa społecznie, bierze kamerę, nagrywa rodziców. Jedzie do profesora, on mówi: „Tak, zawsze są szanse", a potem do NFZ. Urzędnicy na uszach staną, żeby wysupłać pieniądze. Nikt nie chce, żeby na niego wskazywano palcami: „Ten sk... bez serca zabił dziecko!". Zresztą co ich to obchodzi, ważne, żeby było *lege artis*, bo przecież pieniądze nie są ich, tylko podatników. No i NFZ wywala kupę kasy na terapię eksperymentalną. Co dzieje się z dzieckiem? Nie wiemy, bo mediów już to nie interesuje. Eksperyment się powiódł lub nie. Stawiam, że raczej nie – tak to z eksperymentami bywa. Rodzice zrobili, co mogli, profesor przysłużył się nauce, ale NFZ wydał pieniądze, za które mógł zrobić na przykład kilka drogich przeszczepów. Nie eksperymenty, ale skuteczne, sprawdzone leczenie.

* * *

ORTOPEDA:

Jak w tym systemie działają firmy farmaceutyczne?

To jest „lokowanie produktu". Ktoś przychodzi i tłucze ci do głowy nazwę swojego leku. Pokazuje ci jego plusy. No to w końcu uwierzysz i potem go wypisujesz.

Jakie lekarz ma z tego korzyści?

Podpisuje się z nimi umowy na sponsoring. Byłem kiedyś na szkoleniu z USG. Płaciła firma farmaceutyczna, która sprzedawała heparynę drobnocząsteczkową.

I co, odwdzięczał się pan receptami?

Nie, wypisałem jedną taką receptę. Bo ja mam swoje stałe zestawy leków.

Na czym polega sponsoring?

Oni ci fundują kurs, a ty dostajesz PIT-a i musisz się z niego rozliczyć. Nie wiem, jak oni to rozliczają.

Te kursy są potrzebne?

Owszem, żeby się doskonalić.

Nie żeby łoić wódę z kolegami w drogim hotelu?

Nie. Bo bywają kursy, za które musisz sam zapłacić. I to dużo. Na przykład czysto ortopedyczne kursy. Jest firma X, która produkuje implanty. Ma fundację, która od wielu lat finansuje badania nad metodami zespalania kości. Firma X ma określoną liczbę miejsc na takim kursie. I na przykład jeżeli jest szpital, który robi dużo zespoleń przy użyciu ich sprzętu, firma daje szpitalowi dwa miejsca za darmo. Jeśli inni lekarze chcą jechać, muszą zapłacić. Byłem kiedyś na takim kursie, kosztował mnie 2,5 tysiaca złotych. Na takim kursie uczysz się na sprzęcie, który produkuje ta firma. Dostajesz od nich sztuczne kości, wiertarki, płyty itd. Wkręcasz sobie różne rzeczy w te sztuczne kości. Jednym słowem, uczysz się na przykładzie ich instrumentarium. Więc jak wracasz do szpitala, lepiej pracować na sprzęcie, który już się zna. Na pewno sponsoring nie jest taki prostacki, jak mówi miejska legenda. Pod drzwiami lekarzy nie czekają firmy z walizkami leków i pieniędzy. To dużo bardziej skomplikowany i zniuansowany system.

* * *

SZEFOWA POZ:

Czy firmy farmaceutyczne chcą coś ugrać dla siebie w takich przychodniach, w jakiej pani pracuje?

Mogą mnie prosić, żebym wypisywała ich leki.

A co dają w zamian? Szkolenie w wypasionym ośrodku z basenem?

Nigdy nie byłam na takim szkoleniu. Koledzy jeżdżą, ale to już nie jest tak popularne jak kiedyś, bo trzeba rozliczać się z fiskusem. Ale kiedyś było inaczej. Firmy mogły z nami zawierać umowy niby-badawcze. Dawali nam do wypełnienia ankiety typu: „pacjent kasłał przez tydzień, daliśmy ten cudowny lek i przestał kasłać!". Taki pic na wodę i za to płacili. Bardzo dobrze płacili. Teraz się to skończyło, jeśli oferują jakieś pieniądze, to raczej symboliczne, typu 200 złotych. Albo fundują aparat do mierzenia ciśnienia. Tyle.

* * *

BYŁY URZĘDNIK
MINISTERSTWA ZDROWIA:

Naciski koncernów farmaceutycznych? Codzienność. Pojawia się lek, co do którego nie mamy pewności, czy działa. Stosowany jest w bardzo ciężkich, ale rzadkich chorobach. Firma farmaceutyczna, która produkuje ten lek, robi spotkanie z pacjentami i ich rodzinami. Pokazuje im wycinki z zagranicznej gazety, że pan Smith spod Londynu dostał ten lek i wyzdrowiał. Jest więc cień szansy, ale minister nie chce finansować tego lekarstwa. Zaczyna się jazda. Minister nie może sfinansować leku, jeśli nie ma pewności co do skuteczności działania, albo przynajmniej pewności o braku działań negatywnych. Jednak zdesperowani pacjenci wydeptują ścieżki. I nagle w telewizji ukazuje się materiał o cudownym działaniu tego leku na pana Smitha i bezduszności polskiego ministra.

* * *

ANESTEZJOLOG Z MAŁEGO MIASTA:

Firmy farmaceutyczne? Byłem raz na konferencji w Kołobrzegu za ich pieniądze. Było fajnie, hotele, baseny. Normalnie bym nie pojechał, nie byłoby mnie stać.

A co oni z tego mają?

Liczą, że przychylniejszym okiem popatrzymy na ich firmę. Dla przykładu gaz wziewny. Popularne są dwa, z konkurencyjnych firm. Przedstawiciele tych dwóch firm prześcigają się w zachwalaniu swojego gazu. Ale na mnie to nie działa, a nawet nastawia od razu podejrzliwie: „Aha, oni mi jeszcze zasponsorowali kurs, trzeba się pilnować!".

Kiedyś firmy przekupywały lekarzy wielkimi pieniędzmi. Moja starsza koleżanka była na wakacjach w Indonezji za pieniądze firmy farmaceutycznej. Teraz są ograniczenia. Na przykład konferencje mogą organizować w hotelach maksymalnie czterogwiazdkowych. W hotelu w Kołobrzegu z powodu konferencji, na której byłem, na chwilę zdjęli jedną gwiazdkę.

* * *

BYŁY URZĘDNIK
MINISTERSTWA ZDROWIA:

Próby obniżenia wyceny przeszacowanych świadczeń kończyły się zawsze protestami. Oczywiście wprost nie protestowało środowisko lekarskie, profesorowie nie wychodzili z flagami. Oni stali z boku, udzielali wywiadów. Protestowali pacjenci. To stały element gry – wykorzystywanie do takich celów pacjentów, ich rozlicznych stowarzyszeń. Kiedyś zaczęliśmy się przyglądać tym stowarzyszeniom, to wyszło na jaw, że grupy te były zorganizowane przez lekarzy albo koncerny farmaceutyczne. Nie mam pretensji do pacjentów, że nieświadomie dają się wykorzystywać. Jestem lekarzem i znam lekarzy. Bywają nieludzcy, są w stanie powiedzieć bez ogródek: „Nie ma pieniędzy, nie będzie pana za co leczyć, a więc pan umrze". Więc ludzie chcą się ratować, piszą listy, bombardują media, przychodzą pod ministerstwo. Tak samo było przy układaniu listy refundacyjnej. Jeśli jakiś lek nie znalazł się na liście, oficjalnie nie protestowały koncerny, które traciły na tym ogromne pieniądze. Zawsze protestowali pacjenci.

I jeszcze jedna kwestia. Lekarze potrafią oszukiwać. Podam przykład. Jestem u przyjaciół. Jedno z nich jest chore na raka. Gadamy i nagle oni mnie pytają, dlaczego „ich" lek na raka nie jest refundowany. Bo już jadą resztkami sił. Lekarstwo jest drogie, seria dawek kosztuje ponad tysiąc złotych. Nie zarabiają mało, ale skąd na to brać? Nie wiem, co im odpowiedzieć. Przy nich dzwonię do kolegi, który odpowiada za refundację. Obiecuje sprawdzić. Następnego dnia mówi mi: „Wiesz, my to refundujemy. Tylko pod inną nazwą. A ten lek, który bierze twój znajomy, przepisuje profesor X przeważnie jakimś celebrytom, bo uważa, że ich stać na wszystko". Idę do moich znajomych. „Przepraszam, ale czy leczycie się u profesora X?" „Tak. Skąd wiesz?". „No wiem, macie tutaj lek w prezencie. Tego używajcie".

Lek refundowany, ten sam skład, cena około sześciu złotych.

* * *

BYŁY PRACOWNIK NFZ:

Pamiętam opór, gdy wprowadzano obowiązek składania oświadczeń majątkowych dla konsultantów wojewódzkich i krajowych. Tym razem chodziło nie o to, żeby czegoś zabraniać, ale żeby była przejrzystość. Dzięki oświadczeniu wiemy, że pan konsultant pracuje dla koncernu X albo wykłada dla koncernu Y.

Po co to robi?

Konsultant ma wpływ na to, który lek trafia na listę refundacyjną. Warto wiedzieć, od kogo bierze dodatkowe pieniądze, na przykład za wykłady na konferencjach firm farmaceutycznych.

Ile bierze się za takie wykłady?

Różnie, od kilku tysięcy po kilkadziesiąt. Czasem nawet wystarczy, że ktoś się pokaże na bankiecie organizowanym przez koncern farmacji. Podnosi to prestiż i to też jest warte sporych pieniędzy.

Wszyscy konsultanci oraz kandydaci na konsultantów będą składali oświadczenia, ujawniając informacje o faktach, które mogłyby skutkować ewentualnymi konfliktami interesów między pracą konsultanta a inną działalnością, którą prowadzą. Konsultanci krajowi będą składali je ministrowi zdrowia, a konsultanci wojewódzcy – wojewodom.

Źródło: Ministerstwo Zdrowia,
Założenia nowelizacji ustawy o konsultantach

Większość konsultantów wojewódzkich, czyli specjalistów w swoich dziedzinach, chce zrezygnować z tej funkcji w proteście przeciwko niejasnym przepisom, które nakazują im składać oświadczenia majątkowe.

Źródło: rynekaptek.pl,
listopad 2014 roku

* * *

LEKARZ
Z DUŻEGO SZPITALA:

Miałem kiedyś złożoną ofertę korupcyjną. Pogoniłem człowieka. Raz, bo mnie to nie interesuje, dwa, to jest po prostu niebezpieczne. Taka sprawa to koniec kariery lekarza. A lekarz nie ma żadnych innych umiejętności. Pyta pan, czy pacjenci przynoszą flaszki w ramach podziękowania? Tłumy. I ciężko się tego pozbyć. Przynoszą jakieś okropne whisky i koniaki, coś, czego ja nie piję. Staram się bronić przed tym jak się da, ale nawet jeśli lekarz nie przyjmie butelki przy pacjencie, to on podrzuci koledze albo paniom pielęgniarkom, bywa tak, że zostawiają w sekretariacie. Nie widzę w tym nic złego. To nie jest łapówka. Bo pacjent przychodzi już po zakończonym leczeniu, po operacji. Jeśli pacjent ma taką potrzebę? Jego sprawa.

* * *

MŁODY LEKARZ
Z MIASTA WOJEWÓDZKIEGO:

Gdyby lekarze przestali pracować na kontraktach, system by się zawalił. Byłoby za mało lekarzy. A nawet jeśliby ich starczyło, to koszty ich pracy byłyby za duże. Dlatego dyrektorzy tak chętnie przymykają oko, że na dyżurze zostaje półprzytomny ze zmęczenia rezydent zamiast wypoczętego, doświadczonego specjalisty. Sam mój szpital, największy w regionie, ma ćwierć miliarda długu. Dług rośnie, bo nie spłacamy odsetek, a kontrakt NFZ nie starcza na opłacenie leczenia pacjentów. Do tego rozbudowana administracja, księgowość – nie można ich zwolnić, bo są związki zawodowe, bo będzie strajk. No i dyrektor ma związane ręce – nie będzie przecież odsyłać chorych, nie udzielać im pomocy, bo jak ktoś umrze, to przyjedzie telewizja i go zniszczy. No więc oszczędza, jak może. Rezydenci są dla niego wybawieniem – za nich płaci budżet, dyrektor ma więc człowieka od wszystkiego za darmo.

* * *

LEKARZ STAŻYSTA:

Szpitale się biją o rezydentów, bo mają darmowego pracownika. Muszą płacić tylko za dyżury, więc dostają pracownika za friko na cztery, pięć, sześć lat.

* * *

ANESTEZJOLOG Z ŁODZI:

Komunizm padł trzydzieści lat temu, ale my cały czas mamy w ochronie zdrowia coś w rodzaju podwójnej rzeczywistości. Bo stworzyliśmy system, w którym w teorii wszystko się ludziom należy. Mają do wszystkiego prawo, do opieki medycznej na najwyższym poziomie światowym i to natychmiast. Tyle tylko że w praktyce oni nie mogą z tego korzystać. Bo system jest niewydolny. Za dużo chętnych, za mało pieniędzy. I nikt nie ma odwagi powiedzieć: „Szanowni państwo, mamy tyle pieniędzy, stać nas na to i tylko to możemy zagwarantować". No więc działa system podwójnej rzeczywistości. Okazuje się, że to, co jest teoretycznie ogólnie dostępne, jest dobrem reglamentowanym. Kto chce jednak czekać w tasiemcowej kolejce? Ludzie szukają więc sposobu, jak ją obejść. A najprościej obchodzić kolejkę za pomocą pieniędzy.

W pewnych dziedzinach problem korupcji nie istnieje – trudno jest skorumpować internistę czy psychiatrę, do nich człowiek i tak się kiedyś dostanie, można poczekać. Ale specjalizacje zabiegowe? Tu już presja czasu jest dużo większa. I pokusa także. Przy czym nie mówię tutaj o chamskiej korupcji typu wciskam lekarzowi kopertę do fartucha. Jest tysiąc sposobów, żeby zrobić to kulturalnie, w białych rękawiczkach. Na przykład przed zabiegiem trzeba pójść do lekarza, najlepiej do prywatnego gabinetu. Po trzeciej płatnej wizycie okazuje się, że w szpitalu jest miejsce, można zaraz zrobić zbieg. Potem wystarczy przyjść do prywatnego gabinetu jeszcze trzy razy na wizyty kontrolne i jesteście rozliczeni.

Pacjent jest zdrowy, ominął kolejkę, dostał usługę na wysokim poziomie – wszyscy są szczęśliwi.

* * *

MŁODY LEKARZ,
DZIAŁACZ POROZUMIENIA REZYDENTÓW:

To się żartobliwie nazywa partnerstwo publiczno-prywatne. Mniej więcej w ten sposób to funkcjonuje. Nawet najlepsi ludzie psują się, jeśli funkcjonują w złym systemie. Czy im opłaci się likwidacja kolejek? Co zrobią, gdy będzie już normalnie?

NARODOWY FUNDUSZ ZDROWIA, INFORMACJA
O KOLEJKACH (FRAGMENTY):

Endoprotezoplastyka stawu biodrowego

Samodzielny Publiczny Zakład Opieki Zdrowotnej
MSWiA w Białymstoku przy ul. Fabrycznej 27,
Pododdział Chirurgii Urazowo-Ortopedycznej

Czas oczekiwania: 429 dni
Informacja z: 12.03.2017
Termin: 16.05.2018

Samodzielny Publiczny Zakład Opieki Zdrowotnej
w Bielsku Podlaskim przy ul. Kleszczelowskiej 1

Czas oczekiwania: 875 dni
Informacja z: 12.03.2017
Termin: 19.08.2019

Samodzielny Publiczny Szpital Kliniczny nr 1 im. prof. T. Sokołowskiego w Szczecinie przy ul. Unii Lubelskiej 1, Klinika Ortopedii, Traumatologii i Onkologii Narządu Ruchu

Czas oczekiwania: 8796 dni
Informacja z: 10.03.2017
Termin: 09.04.2041

„Biel-Med" Sp. z o.o., Oddział Chirurgii Urazowo--Ortopedycznej w Bielsku-Białej przy ul. Szarej 5

Czas oczekiwania: 6786 dni
Informacja z: 09.032017
Termin: 08.10.2035

Zabiegi w zakresie soczewki (zaćma)

Publiczny Samodzielny Zakład Opieki Zdrowotnej w Opolu przy al. Wincentego Witosa 26, Wojewódzkie Centrum Medyczne, Oddział Okulistyki

Czas oczekiwania: 1915 dni
Informacja z: 15.02.2017
Termin: 16.05.2022

Klinika 2000 K. Mróz Sp. J. Oddział Okulistyczny w Katowicach przy ul. Żelaznej 1

Czas oczekiwania: 791 dni
Informacja z: 6.03.2017
Termin: 07.05.2019

Fizjoterapia dla dzieci

Niepubliczny Zakład Opieki Zdrowotnej Ośrodek Rehabilitacyjno-Wychowawczy Dla Dzieci Towarzystwa Przyjaciół Dzieci, Oddział Miejsko-Powiatowy w Płocku przy ul. Mościckiego 6

Czas oczekiwania: 669 dni
Informacja z: 10.03.2017
Termin: 08.01.2019

Leczenie stwardnienia rozsianego

Szpital im. Mikołaja Kopernika w Gdańsku przy ul. Nowe Ogrody 1–6, Oddział Neurologiczny

Czas oczekiwania: 718 dni
Informacja z: 13.03.2017
Termin: 01.03.2019

Leczenie przewlekłego wirusowego zapalenia wątroby typu C

Szpital Wojewódzki im. M. Kopernika w Koszalinie przy ul. Chałubińskiego 7, Oddział Obserwacyjno-Zakaźny

Czas oczekiwania: 1573 dni
Informacja z: 9.03.2017
Termin: 30.06.2021

Samodzielny Publiczny Zakład Opieki Zdrowotnej w Puławach przy ul. Bema 1, Poradnia Hepatologiczna

Czas oczekiwania: 1208 dni
Informacja z: 10.03.2017
Termin: 01.07.2020

(Podaję realny czas oczekiwania. Na stronie NFZ statystyki są „ulepszone", czas oczekiwania jest krótszy, bo nie wlicza się do niego sobót, niedziel i świąt, a tylko dni robocze).

* * *

MŁODY LEKARZ:

Pan ordynator przyjmuje gdzieś prywatnie. A kolejka do szpitala jest na trzy miesiące. Zdarzają się cudowne przypadki, że pewien pacjent, nazwijmy go Kowalski, dostaje się do szpitala w ciągu trzech dni. Nagle zwalnia się łóżko, bo kogoś wcześniej wypiszą. I Kowalski, który wcześniej chodził do prywatnego gabinetu ordynatora, był „pilny". Czyli operacja była konieczna do ratowania życia. No więc wskoczył na to wolne łóżko. Mimo kolejki. Tak zdecydował ordynator i zapewniam pana, że nikt tej decyzji nie będzie próbował podważyć.

Taka forma łapówki?

Nie, skąd. Żadna łapówka. Człowiek przyszedł do mojego gabinetu, chciałem pomóc jak najlepiej umiałem. I pomogłem. Tak się złożyło. Miał szczęście. To wszystko są niedopowiedzenia. Nikt nie powie: „No to jeszcze trzy razy po szpitalu pan się u mnie w prywatnym gabinecie pojawi". To faktycznie by śmierdziało korupcją. Trzeba tak sterować rozmową, żeby Kowalski sam się zapisał na wizytę. No cóż, na pewno będzie to z korzyścią dla jego zdrowia.

* * *

ONKOLOG:

Opowiem wyjątkowo przykrą dla naszego środowiska historię. Pakiet onkologiczny był oprotestowany przez profesorów i wielu lekarzy. Dlaczego? Zacznijmy od tego, że choroba nowotworowa jest specyficzną chorobą. Liczy się czas. Tymczasem pacjenci są przepychani od gabinetu do gabinetu. Pacjent, który słyszy najgorszą diagnozę, jaką można mieć w życiu: „rak", dostaje jednocześnie informacje, że się musi skonsultować radiologicznie. Idzie na USG, ale tam kolejka. Nie ma czasu, więc idzie prywatnie. Po USG musi się skontaktować z chemioterapeutą. No ale tam kolejka. Znowu idzie prywatnie. Inne badania? Kolejka. Znów płaci prywatnie.

Na czym polega pakiet? NFZ mówi do lekarzy: zapłacimy za leczenie raka bez żadnych limitów. Warunki są takie: zdiagnozujecie pacjenta całkowicie w dziewięć tygodni, czyli nie będziecie go odsyłali od drzwi do drzwi, oraz stworzycie konsylium. To znaczy, żeby dostać kasę, przy stole musi usiąść: chirurg, chemioterapeuta, radioterapeuta i psycholog. Muszą przyjąć tego pacjenta, narysować mu drogę jego leczenia i potem za terminowe leczenie będą dostawali pełną kasę bez limitu. To miało dawać gwarancję, że będzie szybko i bez odsyłania od drzwi do drzwi. Zwiększało to szanse pacjenta na przeżycie. I to właśnie wywołało absolutny protest środowiska onkologicznego.

Dlaczego?

Pacjent nie ma czasu stać w kolejce. Musi ratować życie. Będzie szedł drogą alternatywną do publicznej służby zdrowia, czyli prywatną. Dlatego nie było w niczyim interesie likwidowanie kolejki.

Pakiet rozwalał prywatny biznes?
To chce pan powiedzieć?

Tak, to brutalne, ale to mam na myśli. Protest przeciwko konsyliom był tak wielki, że je zlikwidowano.

Średni czas oczekiwania na udzielenie świadczeń, o jakim byli informowani pacjenci w chwili zapisu na świadczenia, w grudniu 2014 roku wynosił w poradniach:

okulistycznych – 88 dni,
kardiologicznych – 106 dni,
chirurgii urazowo-ortopedycznej – 60 dni,
neurologicznych – 64 dni,

i był dłuższy od mediany, średniego rzeczywistego czasu oczekiwania na udzielenie świadczeń wykazywanych przez NFZ.

Źródło: Raport NIK,
18.11.2015 roku

* * *

BYŁY URZĘDNIK MINISTERSTWA ZDROWIA:

Często obok szpitala publicznego powstaje prywatny gabinet. A nawet więcej, prywatna klinika. W tej klinice przyjmuje pan ordynator, ten sam, który odpowiada za „obsługiwanie" kolejki w szpitalu publicznym. Czy panu ordynatorowi opłaca się zlikwidowanie tej kolejki? Czy ktoś będzie płacił za zoperowanie zaćmy panu ordynatorowi, jeśli będzie mógł to zrobić w normalnym szpitalu za darmo? Co stanie się z kliniką pana ordynatora, gdy znikną kolejki? Gdzie pan ordynator będzie zarabiał?

* * *

DOŚWIADCZONY LEKARZ:

Najpierw ja pana zapytam: Czy słyszał pan o prywatnej klinice pediatrycznej?

Nie bardzo.

Ale słyszał pan o klinikach okulistycznych albo kardiologicznych. Rzecz w tym, że zabiegi pediatryczne wyceniane są nisko, pewnie za nisko. Mówiąc brutalnie, dzieci nie opłaca się leczyć. Natomiast prywatne kliniki kardiologiczne są. Bo tam jest kasa. Bo za tamte procedury NFZ płaci jak za zboże. Profesorowie robią więc biznes. Tak się dziwnie składa, że najczęściej do tych prywatnych ośrodków trafiają pacjenci, którzy byli wcześniej diagnozowani przez tych lekarzy, którzy tam zarabiają. No bo po co kierować ich do szpitala publicznego, skoro można „do siebie". I tak płaci NFZ, więc pacjent posłucha lekarza, zrobi, co mu lekarz zasugeruje. I kolejna prawidłowość. Do ośrodków prywatnych trafiają ci, którzy mają chorobę łatwą w leczeniu, generującą niskie koszty. Ci z chorobami skomplikowanymi, z powikłaniami, które wymagają długiej i kosztownej terapii, zawsze trafiają do szpitala publicznego.

* * *

LEKARZ Z WARSZAWY:

Wie pan, na co najtrudniej umrzeć w Warszawie? Na zawał! Każdy szpital na każdym rogu ma pracownię hemodynamiki. Bo kardiolodzy stworzyli silne lobby i udało im się przeforsować bardzo wysokie wyceny procedur hemodynamicznych, czyli koronografy, stenty. Szpitale natychmiast weszły w ten biznes. Z jednej strony to dobrze, bo zawał to poważna choroba, ale, niestety, jest też druga strona medalu.

Jaka?

Duża część pacjentów miała wykonywane procedury inwazyjne zupełnie niepotrzebnie.

Co?

Niektórzy nie wymagali operacji, a mieli ją, bo szpital dobrze na tym zarabiał, dostawał dobre pieniądze. Kardiolodzy tego nie powiedzą wprost, bo trudno, żeby robili do własnego gniazda, ale tak było.

* * *

LEKARZ STAŻYSTA:

Lekarze sami zapędzili się w kozi róg. Pensje były bardzo niskie, więc wprowadzono umowy kontraktowe. Lekarz zakłada jednoosobową działalność gospodarczą i świadczy usługi jako zewnętrzna firma. Komu? A komu popadnie: szpitalom, przychodniom, pogotowiu, SOR-om. Jak będziesz harował jak wół od świtu do nocy, to zarobisz dużo pieniędzy. Szpitale są zadowolone, mają lekarza, ale koszt jego pracy jest niższy, głównie za sprawą tego, że szpital nie płaci ZUS-u. No i nie ma żadnych norm dyżurowych! Lekarz zatrudniony na etacie po normalnym dyżurze musi pójść do domu na jedenaście godzin nieprzerwanego odpoczynku, czyli tak naprawdę ma dzień wolny. A na kontrakcie? To nie jest człowiek, tylko zewnętrzna firma, firma nie musi mieć wolnego. Idzie więc lekarz na ósmą do pracy. Potem siedzi na dyżurze do ósmej jako firma. A następnego dnia od ósmej do piętnastej znowu pracuje jako pracownik szpitala. Mniej lekarzy obrobi większą liczbę dyżurów. Dyrektor jest szczęśliwy. Czasami tylko ktoś zemdleje albo umrze na dyżurze z przepracowania – no, ale to nie kłopot szpitala! Przecież nie zatrudniali człowieka, tylko podpisali kontrakt z firmą.

Lekarze chcieli dorobić, wydawało się, że kontrakty to eldorado. Teraz widać, że to system – nie wchodzisz w system, będziesz głodował, wchodzisz, nie będziesz miał normalnego życia, wszystko wypełni ci praca, pogoń za pieniądzem. Moi starsi koledzy walą po trzysta, czterysta godzin w miesiącu – połowa czasu to specjalizacja, druga połowa zarabianie kasy. Po co? Żeby można było wziąć w leasing fajniejszy samochód, a potem jeszcze fajniejszy. To powszechna choroba – sam siedzę i teraz już kalkuluję, jak to będzie na rezydenturze. Ile musiałbym płacić raty leasingowej i czy wystarczy mi, jeśli pójdę do dodatkowej pracy w POZ. Sam pan widzi, jak to działa. Myślę już o samochodzie, zarobię na forda, a potem? Kurczę, może by się Audi kupiło? Czyli jeszcze na dobre nie zacząłem, a już mnie system wciągnął.

* * *

MŁODY LEKARZ,
DZIAŁACZ POROZUMIENIA REZYDENTÓW:

To, co już funkcjonuje, ciężko będzie wykorzenić. Bo nie mówimy tutaj o anomaliach, ale o złym z natury rzeczy systemie. To jest bardzo nieuczciwe, że ktoś, kto ma pieniądze, może przeskoczyć kolejkę. Ale skoro lekarze zarabiają głodowe pensje w szpitalach publicznych, muszą dorabiać w prywatnych placówkach.

Może rozwiązanie jest proste: trzy średnie krajowe dla specjalisty i dwie średnie krajowe dla lekarza w trakcie specjalizacji. Stabilna pensja, brak konieczności zabijania się na dyżurach w POZ, więcej czasu na normalne życie. Dalszym krokiem mógłby być zakaz łączenia pracy w szpitalu i prywatnych gabinetach.

Byliśmy z postulatami podwyżek w Ministerstwie Zdrowia. Powiedziono nam, że lekarze w trakcie specjalizacji nie mogą dostać więcej, bo trzeba by podnieść pensje lekarzom specjalistom. Wiceminister zdrowia mówił mniej więcej tak: „I proszę nie narzekać! Jesteście w trakcie specjalizacji. Będziecie specjalistami i zaczniecie dobrze zarabiać!”.

Ale chwileczkę – ja zarabiam 4 tysiące brutto. Znam specjalistów, którzy mają pensję 5 tysięcy brutto. To ma być ten skok finansowy? Nagroda za naukę, praktykę i inwestowanie w siebie? Tysiąc złotych ma załatwić sprawę? Znów włącza się wiceminister: „Nie chodzi o pensje, chodzi o możliwości dorabiania!".

Jeśli wiceminister mówi to otwarcie, no to chyba tłumaczy wszystko.

* * *

INTERNISTA:

Młodzi lekarze uciekają z systemu. Popularna jest na przykład medycyna estetyczna. Nie ma takiej specjalizacji, to nie jest chirurgia plastyczna. Czyli w gabinecie medycyny estetycznej nie powiększą piersi, ale będą wstrzykiwali kwasy, botoksy i inne takie. Każdy lekarz może to robić. Takie gabinety bardzo często otwierają stomatolodzy. Trudno nie dostrzec, że chodzi o zwyczajny biznes. Nie ma mowy o powołaniu, chęci kształcenia się, pomaganiu. Jest mowa o kasie.

* * *

LEKARZ REZYDENT:

Co się dzieje z tymi ludźmi, którzy się nie załapią na specjalizację?

Czekają pół roku do kolejnego naboru. Jeżdżą karetkami, przyjmują w poradni lekarza rodzinnego albo w nocnej opiece lekarskiej. Szukają miejsca na rynku pracy. Inni robią sobie wakacje albo emigrują. W sumie wyłamanie się z systemu, nierobienie specjalizacji, tylko praca w przychodniach, w nocnej opiece to niezły pomysł na życie. Można z tego bardzo dobrze żyć. To mylne pojęcie, że trzeba być specjalistą. Nie trzeba. Wystarczy być lekarzem ogólnym. Co prawda w systemie NFZ nie przyjmą takich na oddział szpitalny, ale znam wziętych lekarzy, którzy nie mają żadnej specjalizacji, a są ulubionymi lekarzami celebrytów. Zarabiają kupę pieniędzy. W naszym środowisku mówi się, że lekarz bez specjalizacji to nie lekarz. Otóż lekarz bez specjalizacji to normalny lekarz. Może doskonale funkcjonować poza systemem NFZ.

Jak?

Lekarze rodzinni muszą jeździć na urlopy? Muszą! Chorują i biorą zwolnienia? Tak jest. Wystarczy czytać ogłoszenia. Mam jednoosobową działalność, samochód, mogę się zatrudnić. Dwanaście tysięcy miesięcznie? Jasne, że tak. Można i lepiej zarobić. Bo często się POZ-om pali. Ktoś wyjechał, zachorował, a leczyć trzeba. No to płacą jak za zboże.

Rozdział VIII
Boskie życie

Wracam z dyżuru, uparcie chodzi mi
po głowie, czy ja dobrze zrobiłem,
czy niedobrze? Czy ktoś tam może umiera?
A syn chce bajkę na dobranoc.
Irytuje mnie.

Lekarz z miasta powiatowego

* * *

LEKARKA W MAŁEJ MIEJSCOWOŚCI,
SZEFOWA POZ:

Kiedyś stanowiliśmy autorytet dla tutejszych mieszkańców. Owszem, byliśmy zawsze na cenzurowanym, szczególnie gdy autorytet czasami sięgał bruku. Teraz ludzie zobojętnieli na nas. Chociaż nie lubię robić tu zakupów. Zaraz mówią: „Była nieuczesana, potargana, nieumalowana", takie tam pierdoły. Swobodniej bym się czuła, nie mieszkając w tej samej miejscowości, w której prowadzę ośrodek.

* * *

LEKARKA
Z MAŁEJ MIEJSCOWOŚCI:

Często myślę o pewnej pacjentce. To była wizyta domowa. Odesłałam ją do szpitala, ale nie w trybie pilnym, czyli nie wezwałam karetki. Powiedziałam tylko rodzinie, że trzeba ją zawieźć do szpitala. Rodzina wkrótce znowu mnie wezwała. Pojechałam, to był już zgon. Myślę, że ona miała zatorowość płucną, której nie rozpoznałam. To tkwi we mnie.

Wraca?

Hm. Ale trzeba z tym jakoś żyć.

* * *

LEKARZ
Z MIASTA POWIATOWEGO:

Jeśli w łóżku chcemy pogadać z żoną przez chwilę, to albo nasz pięciomiesięczny syn się budzi, albo ja padam. Potem słyszę: „Rozmawialiśmy, ale w połowie zdania usnąłeś".

I tak to jest. Żona zmęczona dziećmi, siedzeniem w domu i tym, że wciąż nie ma męża. „Śpisz dzisiaj ze mną? Ale fajnie!" Jak przychodzę do domu, to totalnie zmęczony, a ona chętnie gdzieś by wyszła. A ja chętnie bym zaległ. Staram się tego nie robić, bo w końcu wrócił mąż i ojciec, ale czasem zwyczajnie padam.

* * *

LEKARZ
ANESTEZJOLOG:

Szpital i praca zaczynają pochłaniać całkowicie. Ja już widzę, że mi to wchodzi w krew. W szpitalu odpoczywam od domu, od dzieciaków. A jak przyjeżdżam do domu, to niby odpoczywam od dyżurów. Ale jeśli nie mam przez tydzień dyżuru, to szukam kogoś, kto odda mi swój. To jest jak narkotyk, wciąga. Wiem, że mógłbym robić 15–20 dyżurów miesięcznie i byłoby mi z tym dobrze.

* * *

LEKARZ
Z MIASTA POWIATOWEGO:

Słyszę o innych lekarzach, tych starszych, że ten rozwodnik, tamten samotny, moja szefowa samotna, jej koleżanka samotna. Sypią się te małżeństwa lekarsko-lekarskie, lekarsko-nielekarskie. Zdrady? W pracy ludzie tyle czasu ze sobą spędzają... Częściej niż z żonami są z pielęgniarkami. Moja żona zaczyna mieć dość. Nie zdrad, bo jestem jej wierny. Ale siedzi sama w domu, złości się na dzieciaki, bo ciągle z nimi przebywa, a mnie ciągle nie ma. Tak, zarabiam pieniądze, chciałbym gdzieś pojechać z rodziną, w jakieś fajne miejsce. Mam nadzieję, że nam się uda i że wcześniej z przepracowania nie wjadę autem w drzewo w drodze ze szpitala do przychodni.

* * *

PSYCHIATRA:

Jak żyjemy? Jest grupa lekarzy pancerników, których nie dotyka nic. Oczywiście, do czasu. Są też tacy, którzy reagują być może zdrowiej i uzewnętrzniają problem. W środowisku są depresje, jest sięganie po różne substancje uzależniające. Od tradycyjnych, czyli alkoholu, poprzez leki, aż po narkotyki. Po co? Żeby dać radę. Przetrwać studia, staż, specjalizację. Dajemy radę, bo zahartowały nas lata nauki, bo jesteśmy ludźmi, którzy zawsze starali się zrobić trochę więcej i więcej, raczej wymagać od siebie niż od innych. Przecież mówiono nam, że nie będzie lekko, tak? Z jednej strony wiemy, że powinno być o wiele lepiej, z drugiej strony jesteśmy przyzwyczajeni do tego, że jeśli do czegoś mamy dojść, to tylko swoją pracą.

A więc nie mówimy innym o swoich problemach. Zresztą nasi koledzy to przeważnie też lekarze, małżonkowie najczęściej również należą do korporacji.

* * *

LEKARZ
Z MIASTA POWIATOWEGO:

Zawsze myślałem, że narkotyki to w Warszawie, Krakowie, Szczecinie. A tymczasem są wszędzie. Tak, lekarze biorą. Oczywiście nie wszyscy, ale biorą.

* * *

LEKARKA NA STAŻU:

Co panią najbardziej przeraża?

Boję się, że wsiąknę w ten system. Zgodnie z jego logiką będę przez najbliższe lata pracowała ciężko za marne grosze. Pensja to śmieszne pieniądze. Więc żeby zarobić, trzeba wziąć z piętnaście dyżurów w miesiącu, czyli co drugi dzień jest się na dyżurze. Nie ma szans na życie prywatne. Będę mieszkała w wynajmowanym mieszkaniu. Z moją pensją podstawową nie mam szans na kredyt.

Jak zdobędzie pani specjalizację, będzie pani miała trzydzieści siedem, trzydzieści osiem lat.

Zgadza się, a to trochę późno dla kobiety na zakładanie rodziny.

Czyli albo się pracuje, albo zakłada rodzinę...

Najczęściej robi się przerwę w procesie specjalizacji. Zachodzi się w ciążę, pracuje, ile się da, potem się odchodzi na urlop macierzyński. W efekcie wszystko się wydłuża. Generalnie najlepiej mieć bogatego męża. Lekarze są w pewien sposób zmuszani do tego, żeby się pogodzić z nienormalnym trybem pracy, z wypruwaniem sobie żył, ze słanianiem się na nogach. „No tak już mamy, taki los". Ludzie nie wierzą, że coś może się zmienić, popadają w marazm. „Dobra, trzeba to odbębnić. Przeczekać lata stażu, zdobywania specjalizacji". Tylko że to jest samooszukiwanie się. Bo później się budzimy już jako specjaliści i okazuje się, że wcale nie jest dużo lepiej. Często, gdy masz już specjalizację, wylatujesz ze szpitala. Bo przecież lepiej wziąć sobie następnego rezydenta, czyli „darmowego" pracownika opłacanego przez budżet. Po co nam specjalista? Mamy mu płacić etat? Mamy już swoich specjalistów. Specjalistów, którzy się boją, że ten nowy ich wygryzie. Generalnie w naszym środowisku jest wysoki poziom egoizmu.

Czyli?

Wszyscy uważają, że skoro ja miałem źle, to ty też musisz mieć źle.

* * *

LEKARZ Z MIASTA POWIATOWEGO:

Wracam z dyżuru, uparcie chodzi mi po głowie: czy ja dobrze zrobiłem, czy niedobrze? Czy ktoś tam może umiera? A syn chce bajkę na dobranoc. Irytuje mnie. A przecież to mój kochany chłopak! Normalnie powinienem sobie siedzieć tylko na etaciku, książeczkę czytać w wolnym czasie, uczyć się, a nie biegać za kasą.

* * *

KARDIOLOG:

Prawdą jest, że zamykamy się w swoim getcie. Nie potrafimy mówić o swoich problemach. Dlaczego pielęgniarkom wszyscy współczują, a lekarzom nie? Bo pielęgniarki o tym mówią. Zarabiają źle? Nie w moim województwie. Biorą po 4,5 tysięcy na rękę, pielęgniarki anestezjologiczne około 8 tysięcy. Kończą studia. Mają rozbudowane aspiracje. Uważają, że pielęgnowanie pacjenta nie wchodzi w zakres ich obowiązków. A mimo to wszyscy im współczują.

* * *

REZYDENT
W WARSZAWSKIM SZPITALU:

Mam potrzebę, żeby sobie kupić mieszkanie. Na razie jest jedno dziecko, ale pewnie będzie więcej. Raz w roku wakacje, może dwa razy w roku? Może kiedyś dom? Nic wygórowanego. Życie na średnim poziomie. Tak to sobie wyobrażam. Więc obawiam się, że przy tych stawkach gonitwa nigdy się nie skończy. Jestem pogodzony z tym, że to nie jest przejściowa sytuacja; 15–20 lat harówki. Albo i więcej. Widzę po swoim ojcu, który też jest lekarzem. Zaraz mu stuknie sześćdziesiątka, a od trzech lat pracuje, żeby zarobić na wykończenie działki za miastem. Ma tam drewniany domek, 70 metrów, żadna rezydencja z basenem. Chce na emeryturę tam się wyprowadzić. Tak jest przez całe życie, zawsze ma jakiś kolejny cel.

* * *

CHIRURG, 42 LATA:

Może to już zmęczenie materiału? Dam panu przykład, żeby pan lepiej mnie zrozumiał. Kiedy zaczynałem studiować, zapach formaliny nie robił na mnie absolutnie żadnego wrażenia. Po roku, kiedy tylko zbliżałem się do prosektorium i czułem formalinę, zbierało mi się na wymioty. I teraz jest tak samo. Kiedyś chciałem pomagać, teraz kiedy widzę kolejnego zasranego pijaka, którego mi przywożą, chce mi się tylko rzygać.

* * *

MŁODY LEKARZ:

Najpierw się nas tresuje małymi pieniędzmi. Weź dyżur, idź do POZ, dorób sobie. Kup mieszkanie, samochód, lepszy samochód, dom, dziecku mieszkanie, daczę za miastem. Lekarzu, ciężką pracą się dorobisz!

A potem ma się wszystko, a i tak nie można się zatrzymać. Mój ojciec ma już wszystko. A nadal pracuje na dwa etaty. Po co? Bo on już przywykł do tego. Jest pracoholikiem. Wraca do domu i zastanawia się, co może robić. To już nawet nie jest kwestia pieniędzy, bo jakby pracował na jeden etat, też by mu spokojnie wystarczyło. Ale zawsze wymyśli sobie jakiś cel. Kupił dom za miastem, ale tam nie bywa. Nie ma czasu, bo wciąż na coś zarabia.

* * *

LEKARZ,
DZIAŁACZ POROZUMIENIA REZYDENTÓW:

Kolega mówi: „Potrzebuję kredyt na dobry samochód". Pytam go, po co mu od razu dobry. „No żeby jeździć do roboty, szpital, przychodnia... Rozumiesz, żeby zarabiać". Czyli po to zarabia, żeby mieć na samochód, ale przecież zanim go spłaci, będzie musiał kupić nowy.

Dużo osób mnie lubi, uważa, że robię dobrą robotę, ale część środowiska mnie krytykuje. Bo po co się użalam? Płaczę publicznie, zamiast pójść na dyżury i zarabiać pieniądze. Przecież jak człowiek jest obrotny, jak się zakręci, to wszystko można. A ja podobno psuję wizerunek lekarzy, bo robię z nas marudy. Ale pytam, czy upokarzające jest pracowanie za grosze, czy mówienie o tym, że pracujemy za grosze?

Przecież ten standard życia, którym tak razimy społeczeństwo, bierze się z tego, że nie mamy życia osobistego, że jesteśmy wrakami ludzi. Środowisko jest mocno konsumpcyjne, ale to jest mechanizm kompensacji. Skoro tyle pracują, rozwala im się życie osobiste, to przynajmniej mają wszystko, co najlepsze, z najwyższej półki. Wiele osób myśli o emigracji właśnie w celu zbalansowania jakości życia, żeby mieć czas i na pracę, i na życie. Bo jest prawdą, że lekarz w Polsce może zarobić dużo, tylko pytanie, jakim kosztem. I czy to wszystko jest tego warte?

* * *

LEKARKA STAŻYSTKA:

Myślę, że w Polsce to nie ma sensu. Wyjadę.

* * *

CHIRURG
Z 16-LETNIM STAŻEM:

Ja już nie mam wyjścia. Samej raty kredytu hipotecznego mam 2200 złotych. Więc muszę tyle pracować, czy mi się to podoba, czy nie. Zagryzam zęby, pracuję. Wieczorem ktoś do mnie dzwoni i już jestem podenerwowany. Znowu jakiś problem, być może będę musiał wsiąść w samochód i pojechać do pacjenta. Nie ma wyjścia, tak trzeba. Na szczęście do emerytury mam tylko dwadzieścia sześć lat. Już odliczam, mimo że jestem człowiekiem czterdziestojednoletnim, w sile wieku, mógłbym teraz wiele rzeczy zrobić. Mam na szczęście znajomych, którzy gdzieś tam mnie wyciągają, a to koncerty, a to wycieczki. Na szczęście mam pieniądze z tych wszystkich prac, więc trochę podróżuję i to mnie trzyma przy życiu. Żyję tylko od wyjazdu do wyjazdu, ale przynajmniej mam jakiś cel.

* * *

UROLOG:

Ja nie narzekam na to, ile zarabiam – jak podliczę dyżury, etat i dwie przychodnie, to robi się porządna suma. Jestem zadowolony ze swoich zarobków, ale jestem niezadowolony z tego, że przez cały czas zarabiam. Nie mam swoich pasji. Lubię operować. Można powiedzieć, że to jest moją pasją... I biegam. Biegam o dwudziestej drugiej, jak wracam do domu z pracy. Żona mnie wygania, żebym zrzucił trochę sadła. Wtedy mam czas dla siebie. W weekend nie pracuję. Posprzątam część chałupy, posiedzę z dzieckiem, posiedzę z żoną, obejrzymy film i tyle mam z tego bajkowego, bogatego życia lekarza. Taka prawda.

* * *

LEKARZ ANESTEZJOLOG:

Jak racjonalizuje się złe zachowania? Wezmę łapówkę, bo taki jest ten świat? I tak go nie zmienię? Nie. Człowiek mówi sobie: „Jestem lekarzem, należy mi się". Bycie lekarzem w Polsce nie daje już przynależności do wyższej klasy społecznej. To nie jest zawód prestiżowy. A więc jedynym wyjściem jest być bogatym, posiadać. Jeśli nie będziesz bogaty, okaże się, że nie masz żadnego statusu i jesteś jakąś lumpeninteligencją. No więc nie ma wyjścia. Skoro nikt nas nie szanuje, skoro pracujemy jak konie, to przynajmniej będziemy żyli jak królowie, będzie nas stać na wszystko. Samochody, drogie meble, wypasione domy. Wie pan, jak my żartujemy? Schody w domu, które kosztują poniżej 100 tysięcy złotych, to nie są schody, tylko drabina.

DZIENNIK SANITARIUSZA

Dzień ostatni. Toczę wózek, ledwie idzie, bo opony prawie bez powietrza. Pacjent coś do mnie mówi, ale już nie słyszę co. Boli mnie krzyż. Zastanawiam się, kiedy minie mi empatia. To znaczy, kiedy zrobię coś takiego, czego nie zrobiłbym wcześniej. Coś takiego, za co będzie mi wstyd. Kiedy przyjdzie ten moment, że stanę się częścią systemu.

– Chodź!

– Co?

– Chodź, pomóż nam.

– Ja?

– No k… ty!

Nie chce mi się, boli mnie krzyż. Ale M. i K. stoją we dwóch przed rezonansem. Nie wypada ich olać.

– Poczeka pan chwilę? Pomogę kolegom – nie pytam, ale oświadczam pacjentowi.

Kiwa głową na „tak", w sumie chyba nie ma wyjścia. Co on może? Powie, że się nie zgadza?

Podchodzę do chłopaków. Na łóżku mają pacjenta. Starszy gość. Podbite oko, siny bok, jęczy z bólu. Widać, że z wypadku.

– Co mu?

– Co mnie to obchodzi. Lepiej zobacz, jaki wielki – odsłania kołdrę. Pod kołdrą wielki brzuch. Całość dobrze ponad 150 kilogramów. Trzeba go przenieść, położyć na aparacie do rezonansu.

– Kloc!

– Było się tak obżerać?

– Nie słyszy!

– Bo zamiast słuchać się obżerał.

– Jezu, nie damy rady!

– Jakoś musimy.

– We trzech takiego słonia. Nie damy rady. Słoniu!!!

– Jak go przeniesiemy?

– Na prześcieradle.

– Pomoże pan?

Technik lituje się i pomaga.

– Raz, dwa, trzy!

– Aaaaaaa!

Pacjent ożywa. Krzyczy. Głowa mu wpada między łóżko a leżankę tomografu.

– Jeszcze trochę! – Dopychamy jak możemy: kolanami, brzuchami, łokciami.

– Aaaaaaa!

– Nie krzycz, człowieku!

– Dobra.

Wychodzimy. Czekamy. Technik woła. Wchodzimy.

– No to przerzucamy.

– No.

– Na trzy?

– Kurwa, kręgosłup mi pęknie.

– Kurwa mać.

– Raz… dwa… trzy…

– Aaaaaaa!

– Nie krzycz!

– Ja pierdolę.

– Trzymaj głowę.

– Aaaaaaa!

– Podnieś barierkę.

– Aaaaaaa!

– Nie, nie, została ręka!

– Co?

– Miażdżysz mu rękę!

– Aaa, rączka została, no dobra, jest!

– Ja pierdolę.

– No!

– Cały jestem mokry.

Patrzymy po sobie. M. podchodzi do pacjenta. Głaszcze po głowie, poprawia mu kołdrę jak dziecku, pod samą szyjkę. Delikatnie klepie po policzku.

– I co, pączusiu?

Wybuchamy śmiechem. Wszyscy. Nie potrafię się powstrzymać.

Spis treści